The Internet of Things
and Smart Campus

薛耀锋 著

物联网与智慧校园

上海交通大学出版社
SHANGHAI JIAO TONG UNIVERSITY PRESS

内容提要

本书主要围绕物联网在智慧校园建设中的应用展开,共分 5 章,第 1、2 章为理论版块,介绍了物联网和智慧校园涉及的相关理论、概念及研究领域;第 3、4 章为技术版块,涵盖了物联网相关的感知、通信和应用技术,以及智慧校园相关的云计算、大数据、人工智能等技术;第 5 章为实践版块,探讨了物联网和智慧校园技术应用融合创新的若干可能性,并分析了多个智慧校园场景开发案例。

本书适合教育技术学、教育学、管理学、计算机科学与技术、信息与通信工程、电子科学与技术、控制科学与工程专业的学生、教师以及对智慧校园建设感兴趣的读者阅读。

图书在版编目(CIP)数据

物联网与智慧校园/薛耀锋著.—上海:上海交
通大学出版社,2024.4
ISBN 978 - 7 - 313 - 30451 - 3

Ⅰ.①物… Ⅱ.①薛… Ⅲ.①物联网—应用—学校管
理 Ⅳ.①G47 - 39

中国国家版本馆 CIP 数据核字(2024)第 058522 号

物联网与智慧校园
WULIANWANG YU ZHIHUI XIAOYUAN

著　　者:薛耀锋

出版发行 上海交通大学出版社　　　　　地　　址:上海市番禺路 951 号

邮政编码 200030　　　　　　　　　　　电　　话:021 - 64071208

印　　制:上海万卷印刷股份有限公司　　经　　销:全国新华书店

开　　本:710mm×1000mm　1/16　　印　　张:13.25

字　　数:204 千字

版　　次:2024 年 4 月第 1 版　　　　　印　　次:2024 年 4 月第 1 次印刷

书　　号:ISBN 978 - 7 - 313 - 30451 - 3

定　　价:68.00 元

前言

　　近年来，以物联网（Internet of Things，IoT）、人工智能、大数据、云计算、区块链为特征的信息技术快速发展，从延伸至太空的星链、战胜围棋世界冠军的AlphaGo、精准的数字画像、韧性强大的数字底座到加密可靠的数字人民币，这些新兴信息技术不断推动现代社会的转型和发展，对社会发展模式和人们的日常生活方式产生了深远影响。同时，信息技术也在潜移默化中对教育行业产生了深刻的影响，引领了教育数字化转型的变革，特别是智慧校园的建设，实现了教学、管理与服务的全面提升，为教育行业带来了新的突破。

　　物联网作为智慧校园中数据获取、传输和应用的重要支撑，其带来的海量数据是传统的手工录入和纸质处理无法想象的。因此，物联网技术可以视为智慧校园的重要数字基座。物联网技术的强大支撑，也打破了教育行业原来的信息孤岛，促进了数据互通的新一代智慧校园的建立。同时，智慧校园的大数据和应用模式也迎来了新的研究范式。已有的四种研究范式，十分关注数据之间的因果关系。而以大数据为支撑的"第五范式"不再局限于真实世界的经验观察，而是通过模型建构与解构来实现对真实世界的刻画，形成新的科学智能(AI4Science)研究范式。此外,本书还着重阐述了通用人工智能(Artificial General Intelligence, AGI)这一新技术的流行对智慧校园建设的影响。

为了更好地推动物联网技术的示范应用和智慧校园的建设,加深相关人员对物联网技术、智慧校园硬件设施和软件平台的了解,撰写了本书。

本书内容分为理论、技术和实践三大版块。理论版块介绍了物联网和智慧校园的相关概念、发展和体系结构;技术版块阐述了物联网和智慧校园的关键技术,并通过案例帮助读者深入理解其中的技术原理和实现流程;实践版块引入了智慧校园建设的应用案例,以三个实际的开发案例为抓手,带领读者学习智慧校园的开发流程。

感谢 2023 年上海市立德树人人文社科重点研究基地-信息技术基地建设项目、2023 年华东师范大学教育学部中文学术专著出版专项、全国教育科学规划教育部重点课题"智能教育视角下基于眼动追踪的在线学习认知模型及自适应机制研究"(项目号:DCA220453)、上海市自然科学基金面上项目(项目编号:22ZR1421300)、国家自然科学基金项目(项目批准号:92370206)对本书的资助和支持。感谢华东师范大学终身教授祝智庭、华东师范大学教育信息技术学系暨上海数字化教育装备工程技术研究中心主任顾小清教授和相关专家学者对本书所提宝贵建议。同时感谢华东师范大学研究生邱奕盛、陈瞻、冷洁、朱芳清、王坤,本科生叶绥川、陈伟航、白云鹭、孔靖良、唐镱航、韩梦蝶等在资料收集和整理中所作的努力。

由于能力和时间有限,疏漏在所难免,恳请广大专家和读者不吝指正。

薛耀锋

2023 年 10 月

目录

第 1 章
物联网概述

物联网技术是智慧校园建设的重要基础。在讨论智慧校园的新突破和转型方向前,有必要先关注物联网技术的发展和变化。本章将从物联网的发展历程讲起,详细说明物联网的基本体系结构,介绍近来物联网向智联网的转变,并讨论新兴的 AGI 技术对物联网的影响。

1.1 物联网的建设背景

物联网的建设背景可以追溯到 20 世纪 90 年代,当时的信息技术正在迅猛发展,人们开始研究如何将物理世界与数字世界相连,将传感器、设备、计算机和互联网等多种技术融合在一起,从而实现设备之间的通信和互动。在这个背景下,物联网的概念出现了。

在当时,人们对于物联网的期望主要集中在工业自动化领域,希望通过物联网技术来实现更加高效的生产和管理。例如,通过在工厂安装传感器和监控设备,实现对设备运行状态的监控和预测,从而提高生产效率和品质。此外,企业也会利用物联网技术实施对供应链的管控,从而降低成本和风险。

随着物联网技术的不断发展,其应用领域不断扩大。除了工业自动化领域,物联网技术也被应用于交通、环保、医疗、农业等领域,实现了更加智能化、便捷化、安全化的服务和管理。

在交通领域,物联网技术可以用于智能交通系统,从而提高道路使用效率,降低交通拥堵和事故发生率。在环保领域,物联网技术可以实现智能环保监测,从而实现对环境的全面监测和管理。在医疗领域,物联网技术可以用于智能医疗系统,从而提高医疗服务的效率和质量。在农业领域,物联网技术可以用于智能农业管理,从而提高农业生产效率,减少资源浪费和环境污染。

除上述领域之外,物联网还与智慧校园建设密切相关,为现代化校园的建设提供了全新的思路和技术手段。通过物联网技术,校方可以实现校园内各种设备、物品的互联互通,进而实现智能化的食堂管理、校园卡管理、体育场馆管理等,从而构建智慧化的校园管理和服务系统。例如,校方可以通过感知设备获取校园内的温度、湿度、照明、安全等信息,然后通过智能控制系统实现自动化的调节和管理;可以通过移动终端或者电子屏幕向学生、教职员工提供定制化的信息服务和学习资源;可以通过智能化的设备管理和运维,提高设备的使用效率和管理水平[11],降低维护成本和故障率。对学生而言,还可以通过物联网获得更加便捷、个性化的校园生活服务等。总之,物联网技术和智慧校园建设的应用,不仅可以提升校园的管理效率和服务水平,也可以为学生、教职员工提供更好的学习、生活环境和体验。

综上,物联网技术的提出顺应了数字经济时代对于更加高效、智能、便捷、安全的服务和管理的需求。随着技术的不断发展和应用,物联网将为我们带来更加美好的生活和工作体验。

1.2 物联网的概念和定义

物联网(IoT),是一种计算设备、机械、数字机器相互关联的系统。它具备通用唯一识别码(UID),并具有网络传输数据的能力,无需人与人,或是人与设备的交互。[2]物联网可拉近分散的资料,统整物与物的数字信息,其具有将现实世界数字化的能力,应用范围十分广阔。

对于物联网的定义存在多种版本和解释,表1-1介绍了几种常见的定义和来源。

表1-1 物联网的常见定义及来源

定义	来源	时间
物理世界和虚拟世界相互连接的全球基础设施	国际电信联盟（ITU）	2012年7月
通过互联网将物理事物和数字事物相互连接的一种网络结构，用于提高人类生活质量、保护环境、提高经济竞争力和社会效益	欧盟（EU）	2019年6月
一种将物理事物与数字世界相连的网络，使之通过网络进行交互和控制	国际标准化组织（ISO）	2021年3月

这些定义都强调了物联网的本质：通过连接各种物品实现数据交换和互联互通，从而实现信息和物质的互联互通，使得物理世界与数字世界融合在一起。在智慧校园场景下，物联网可以理解为一种整体技术框架，它通过将传感器、计算机等各种设备互联互通，实现了信息和数据的高效流通和共享，为智慧校园的建设提供了基础支撑。

1.3 物联网的发展

物联网是指通过各种传感器、执行器等设备互联互通，实现设备之间的自动感知、信息交互和控制的智能化系统。物联网的发展历程可以分为三个阶段：感知互联阶段、网络互联阶段和智能互联阶段（见图1-1）。

图1-1 物联网的发展历程

感知互联阶段（2000—2010年）是物联网的起步阶段。在这一阶段，人们采用无线传感器网络（WSN）和射频识别（RFID）等技术，实现了设备之间的连接和通信。此阶段的物联网应用主要集中在环境监测、智能家居和工业自动化等领域。

网络互联阶段（2010—2015年）是物联网的快速发展阶段。在这一阶段，物联网的技术和应用开始逐渐成熟,同时移动互联网和云计算等技术的发展也为物联网的快速发展提供了支持。此阶段物联网应用开始向智慧城市、智能交通、智能医疗、智慧农业等多个领域扩展。

智能互联阶段(2015 年至今)是物联网的高度发展阶段。在这一阶段,物联网技术逐渐成熟,应用不断深化和拓展。同时,人工智能、大数据、区块链等技术的发展也为物联网的智能化提供了更好的支持。此阶段的物联网应用越来越广泛,包括智能家居、智慧社区、智慧物流、智慧能源等多个领域,正在成为推动人类进步的新动力。

总的来说,物联网的发展历程经历了从感知互联到网络互联再到智能互联的过程,逐步实现了设备之间的智能化互联和智能化控制,为人类社会带来了无限的可能和机遇。未来,随着技术的不断发展和应用场景的不断拓展,物联网的应用将会更加广泛,更加智能化,也将为人类带来更多的便利和福祉。

1.4 物联网的体系架构

1.4.1 三层架构

早期的物联网参考体系架构较为简单,可分为三层,分别是感知层、网络层和应用层(见图 1-2)。

感知层是物联网的最底层,它负责感知物理环境的信息,收集来自传感器、识别器等各种设备的数据,并将其转换为数字信号。感知层的设备通常直接安装在物体上,用来采集温度、湿度、光线、声音等信息,并将它们转换为数字信号,以便传输给网络层。可以说感知层是物联网的"眼睛"和"耳朵"。

网络层负责将感知层收集到的数据传输到应用层,同时也会将来自应用层的命令和指令传输回感知层。网络层包括多种通信技术和协议,依照有效传输距离可区分为短距离无线、中距离无线、长距离无线,以及有线技术。它们可以将各种设备连接起来,并为这些设备提供稳定、高效的通信通道。可以说网络层是物联网的"大脑"。

应用层是物联网的最高层,它负责将收集到的数据进行处理、分析,并为

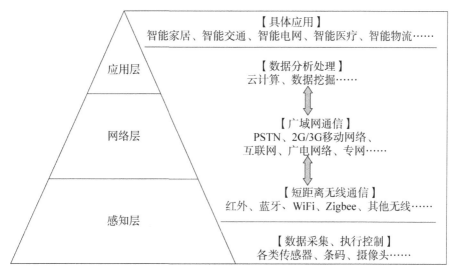

图1-2 物联网三层体系架构

用户提供有用的信息和服务。应用层的具体形式：其一是底层软件平台，包括大数据、区块链、数据中心、安全通信以及人工智能相关（如自然语言处理、深度学习、电脑视觉等），作用是支持各类软件应用；其二是应用服务终端，针对不同的应用需求，直接呈现原始资料或经过加值处理，借由人机界面提供给用户或是对应的硬件/软件目标，得到想要的信息，包括虚拟现实/增强现实、人机交互、服务导向架构、可持续发展相关。两者综合后，应用层可以根据不同的需求，实现各种不同的应用场景，比如智能家居、智慧城市、智能交通等。可以说应用层是物联网的"心脏"。

1.4.2 五层架构

随着物联网的发展，其体系结构也在不断丰富和完善，现阶段，"端-边-云-网-智"的五层架构被广泛关注，逐渐为更多人所接受（见图1-3）。与原有的三层架构相比，五层架构划分更为细致，感知层发展为端层和边缘层，网络层细分为云层和网络层，应用层升级为智能应用层。五层架构是根据技术发展情况调整后的新型物联网架构模型，为现在的物联网建设提供了理论指导，要求物联网提供更加可靠、高效、灵活的服务，以满足不同行业、不同应用场景的需求。下面将详细介绍这五层架构的主要特点和功能。

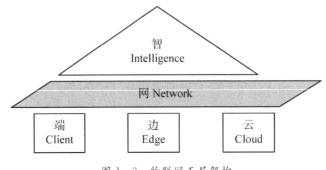

图 1-3 物联网五层架构

端层指的是连接物联网终端设备的物理层,包括各种传感器、执行器、控制器、智能终端等。其主要作用是实时采集和处理数据,将数据传输到下一层。

边缘层是指连接端层和云层的中间层,也称为边缘计算层。这一层可以在离线状态下处理和存储数据,同时还可以进行一些简单的数据分析和预处理。边缘计算可以大大降低数据传输和处理的延迟,提高系统响应速度和稳定性。

云层是指连接边缘层和应用层的中央计算和存储资源层,可以提供大规模、高效的数据处理和存储服务。在这一层可以进行深度学习、数据挖掘、人工智能等高级数据分析和处理工作。同时,云层还提供数据备份和恢复等高可靠性服务。

网络层是指将边缘层和云层连接起来的网络基础设施层,可以实现不同设备之间的互联互通。这一层主要包括传输协议、数据交换、安全加密等基础技术和设备。

智能应用层基于上述四层提供的数据和服务,为用户提供高附加值的智能应用,例如人脸识别、智能家居、智慧城市等。智能应用层可以根据用户需求实现个性化定制,给用户带来更优质的服务体验。

当前的物联网智能应用正在从智能(smart)向智慧(intelligent)转变。以往,物联网的应用关注的是设备的灵敏操作或者便捷操作,而智慧则体现在算法对数据的自主理解能力上。例如,智慧城市的应用能够针对收集上来的图像进行分析理解,通过模型处理,得到对城市治理的决策依据。

总之,"端-边-云-网-智"的五层架构能够将物联网中的各种设备、数据和应用整合在一起,实现高效的数据交换和智能化应用,提高了物联网的可靠性、可扩展性和安全性,具有重要的现实意义和应用前景。

在实际应用开发的过程中,体系结构起到的是理论架构的指导作用,并不一定在每一个应用中都要体现出五个层次。例如,在一个校园内部的"电子班牌"项目中,可能仅有"端-云-网"三个部分。端层班牌设备负责显示每个班级的信息数据,并检测班级的状态;云层负责存储班级数据,并及时更新,提供给端侧设备接入;网络层负责端与端之间的通信,以及端与云之间的通信,保障各个物理设备之间的有效沟通。

1.5　物联网相关标准

物联网相关的国家标准和行业标准有很多,其中包括信息安全标准、信息共享和交换平台通用要求、面向 Web 开放服务的系统实现等。表 1-2 列举了一些相关的国家标准。

表 1-2　物联网部分国家标准

	标准编号	标准名	发布日期	实施日期
基本标准	GB/T 33745-2017	物联网术语	2017-05-12	2017-12-01
系统标准	GB/T 40778.1-2021	物联网　面向 Web 开放服务的系统实现　第 1 部分:参考架构	2021-10-11	2022-05-01
	GB/T 40778.2-2021	物联网　面向 Web 开放服务的系统实现　第 2 部分:物体描述方法	2021-10-11	2022-05-01
数据标准	GB/T 38637.2-2020	物联网　感知控制设备接入　第 2 部分:数据管理要求	2020-07-21	2021-02-01
	GB/T 40684-2021	物联网　信息共享和交换平台通用要求	2021-10-11	2022-05-01

1) GB/T 33745－2017《物联网术语》

该标准界定了物联网中一些共性的、基础性的术语和定义，适用于物联网概念的理解和信息的交流。例如将物联网界定为通过感知设备，按照约定协议，连接物、人、系统和信息资源，实现对物理和虚拟世界的信息进行处理并作出反应的智能服务系统[3]。该标准还界定了物联网概念模型、物联网体系参考结构、物联网功能参考模型等概念。

2) GB/T 40778.1－2021《物联网　面向 Web 开放服务的系统实现　第1部分：参考架构》

该标准主要解决物联网发展过程中信息碎片化问题，打通信息孤岛，让物联网中的数据信息在各系统之间实现连接，达到物与物互联的目标，进而实现万物互联；同时，规定了面向 Web 开放服务的物联网系统的参考架构，为面向 Web 开放服务的物联网系统的顶层设计提供参考。该标准指出，物联网Web 功能组件需包括协议适配、物体描述、物体发现、物体共享、安全保障五项。

3) GB/T 40778.2－2021《物联网　面向 Web 开放服务的系统实现　第2部分：物体描述方法》

该标准旨在解决物联网发展过程中信息碎片化、烟囱式发展等问题，为提高物联网应用系统之间的协作功能、加速物联网全产业链贯通提供了规范和指导。该标准给出了标准化的物体描述模型并以表格形式对物体描述元数据做出了规范。

4) GB/T 38637.2－2020《物联网　感知控制设备接入　第 2 部分：数据管理要求》

该标准规定了物联网感知控制设备接入网关或平台时的数据采集、数据处理、数据交换和数据安全等管理要求，适用于物联网感知控制设备接入网关或平台时数据管理功能的设计与实现。该标准着重关注数据的标准化采集、处理以及数据的安全性和可审计性问题。

5) GB/T 40684－2021《物联网　信息共享和交换平台通用要求》

该标准规定了物联网信息共享与交换平台的概念和功能要求，包括数据管理、目录管理、服务支撑、平台管理和安全机制，适用于物联网信息共享和交换平台的设计、开发和实现。该标准指出，物联网信息共享和交换平台主要用于连接若干物联网系统，实现物联网系统间的信息共享和交换。平台由数据管理、目录管理、服务支撑、平台管理和安全机制五大功能模块组成。

1.6 物联网基础理论

1.6.1 信息论

信息论是应用数学、电子学和计算机科学的一个分支，涉及信息的量化、存储和通信等。信息论研究信息的量、性质、传输和处理等问题，是现代通信、控制论、计算机科学等的基础和核心。

1948年，克劳德·香农（Claude Shannon）发表的论文《通信的数学理论》是世界上首次围绕通信过程建立数学模型的论文，这篇论文和其1949年发表的《在噪声中的通信》一起奠定了现代信息论的基础。

信息论的基本概念包括熵、信道容量、编码、密码学等。其中，熵是用来度量信息的不确定性或复杂性的物理量。信道容量则用来描述在特定信道下可以传输的最大信息速率。编码是将信息从一种形式转换为另一种形式的技术。而密码学则是研究如何保护信息安全的学科。

信息论将信息的传递作为一种统计现象来考虑，给出了估算通信信道容量的方法。信息传输和信息压缩是信息论研究中的两大领域。这两个方面又由信道编码定理、信源-信道隔离定理相互联系。

信息论的主要内容可以类比人类最广泛的交流手段——语言。

一种简洁的语言通常有两个重要特点：常用词更简洁；信息传递鲁棒性（robustness）高。以英语为例，首先，常用的词，比如"a""the""I"，应该比不太常用的词，比如"benefit""generation""mediocre"要短一些。其次，如果句子的某一部分被漏听或者由于噪声干扰而被误听，听者应该仍然可以抓住句子的大概意思。如果把电子通信系统比作一种语言的话，这种鲁棒性是不可或缺的。

将鲁棒性引入通信是通过信道编码完成的。信源编码和信道编码是信息论的基本研究课题。信息论的应用非常广泛，基本内容的应用包括无损数据压缩、有损数据压缩、信道编码等。

信息论对互联网的发展以及许多其他领域都有着深远的影响。其重要子领域有信源编码、信道编码、算法复杂性理论、算法信息论、信息论安全性和信息度量等。信息论的应用在物联网方面包括数字通信、数据压缩、网络管理、无线通信等。例如,在数字通信中,信息论可以用来分析信道的容量和可靠性,从而优化数据传输的效率和安全性;在数据压缩中,信息论可以帮助我们设计出更有效的数据压缩算法;在网络管理中,信息论可以用来分析网络流量和路由选择等问题。

1.6.2 控制论

控制论是研究动物和机器内部的控制与通信的一般规律的学科,着重于研究过程中的数学关系。它既是综合研究各类系统的控制、信息交换、反馈调节的科学,也是跨及人类工程学、控制工程学、通讯工程学、计算机工程学、一般生理学等领域的一门综合性学科。

控制论的创始人是诺伯特·维纳(Norbert Wiener),他在20世纪40年代提出了一种新的数学方法,即线性控制系统的分析方法,这种方法成为现代控制理论的基础。

控制论的发展历史可以追溯到20世纪初,当时人们已经开始研究动物和机器内部的控制机制。20世纪40年代,维纳提出了一种新的数学方法,即线性控制系统的分析方法,这种方法成为现代控制理论的基础。之后,随着计算机技术的发展,控制论逐渐应用于计算机科学领域,并发展出了一门新的学科——计算机控制论。

控制论在计算机科学中的应用主要包括两个方面:一是计算机控制系统,二是人工智能。

计算机控制系统是指利用计算机对各种物理、化学、生物过程进行控制和监测的系统。计算机控制系统的核心是控制器,它根据输入信号和预设目标值之间的差异来调整输出信号,从而实现对过程的控制。

人工智能是研究如何使计算机具有智能行为的学科。人工智能的核心问题是设计出能够模拟人类思维和行为的算法。控制论为人工智能提供了理论基础,例如强化学习就是基于控制论中的概念和方法发展起来的一种机器学习方法。

控制论和物联网之间有很多联系。物联网是一种基于互联网、传感器网络和嵌入式系统的技术,可以实现设备之间的互联互通。而控制论是研究动物和机器内部的控制与通信的一般规律的学科,着重于研究过程中的数学关系。

在物联网中,控制论可以应用于设备的自动控制和智能管理。例如,可以通过控制论中的反馈机制来实现对物联网设备的自动控制,从而提高设备的运行效率和可靠性。此外,控制论还可以应用于物联网中的智能管理,例如通过强化学习等方法来实现对物联网设备的智能管理。

1.6.3 网络理论

网络理论(network theory)是一种对图的研究,也是对称关系或不对称关系在离散对象中的一种表现。在计算机科学和网络科学中,网络理论是图论的一部分,网络可以定义为节点和/或边具有属性(例如名称)的图。

网络理论的研究问题包括网络流问题、最短路径问题、运输问题、转运问题、选址问题、匹配问题、分配问题、包装问题、路由问题、关键路径分析与计划评审技术等。

网络理论目前在许多学科中都有应用,包括统计物理学、粒子物理学、计算机科学、电气工程学、生物学、经济学、金融学、运筹学、气候学、生态学和社会学。此外,网络理论也应用于物流联网、万维网、互联网、基因调控网络、代谢网络、社会网络、知识论网络等。

在物联网中,经常涉及网络结构等的设计,针对不同的应用场景,可以使用总线结构、环形结构、星型结构、树状结构等。例如,在校园网建设中,终端设备通常使用树状结构接入主干网络,而在蓝牙 Mesh 网络中,通常使用一种新型的自组织网络的形式,这将在第 3 章中作进一步介绍。

1.7 从物联网到智联网

1.7.1 传统物联网的特点和局限性

物联网系统的特点可以总结为以下四点:无人化、自动化、智慧化和无限性。

物联网系统最基本的特点之一是无人化。在物联网系统中,只有服务对象而没有服务人员。这意味着服务对象可以实现自助服务或自动服务。唯一的服务人员是系统外的安全监视与安全控制人员。因此,为了确保无人化的物联网系统的安全性,还应有可以进行外部介入的感知与控制的安保界面。

自动化是物联网系统的另一个重要特征。早期的自动化主要涉及工业自动化和自动生产线的自动化,而物联网系统的自动化则体现在服务行为的自动化上。当服务对象启动了服务内容后,就会触发一系列完整的自动服务行为进程。

智慧化是指物联网系统中的所有节点和终端都含有微处理器。这一特性使得物联网系统的功能具有无限扩展性和以软件为中心的无限智慧服务能力。实时性是物联状态下物理对象的实时交互要求。例如,在物联网家居中,一旦出现火警,必须立即报警;在智能交管系统中,高速公路收费必须在车辆移动瞬间完成;在物联网超市中,当顾客确认选购货品结束时,应立即结算货款并告知顾客。

无限性是由互联网的无限交互特性所决定的。互联网具有无限的时空和通达性,使人们可以在任何时间、地点进入任何一个物联网系统。物联网系统的进入只受到"权力身份"认证的限制。物联网系统的无限性打破了服务业的时空障碍以及服务岗位的地理障碍。

传统物联网具有以上特点,但由于其技术瓶颈和设备性能限制,仍存在一定的局限性。传统物联网作为一种复杂系统,其管理与控制需要超过人脑信息处理能力的带宽和速度,导致人们更需要借助知识自动化所衍生出的机器智能来弥补自身智能上的不足,进而才能去有效应对各种层出不穷的时变性、不定性、多样性、复杂性。而整个社会正在涌现海量的、各种层次上的大数据和智能体,尽管这些智能体在数据和信息的层面上实现了互相连通,但是由于缺乏智能联结机制,它们在知识层面上并未做到直接连通[14]。为了解决上述困境,智联网(Internet of Intelligences)的概念被提出。

1.7.2 智联网的提出和发展

随着社会的发展,人们对于生活质量和工作效率提出了更高的要求,智能化的生活和工作方式成为人们越来越迫切的需求。基于这种社会需求和互联网技术的不断发展,智联网应运而生。

智联网是由各种智能体,通过互联网形成的一个巨大网络,它与传统物联网的区别如图1-4所示。智联网的作用是集小智慧为大智慧,群策群力,帮助人们更好地认识世界,获得更好的生活质量。作为物联网和人工智能技术的结合,智联网将物理世界和数字世界连接起来,通过传感器、智能设备和互联网等技术,实现实时数据采集、处理和分析,从而提供智能化的服务和应用。

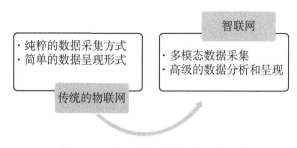

图1-4 传统物联网与智联网的区别

以智能家居系统和智能交通系统为例,智能家居系统可以通过智能设备和传感器对家庭环境进行监测和控制,实现智能化的家居管理和控制。智能交通系统可以通过智能传感器和通信技术对交通流量进行实时监测和调度控制,提高道路通行效率,减少交通拥堵。

简单来讲,智联网的原理主要是先通过传感器和设备采集数据,再通过云计算和互联网进行数据处理和传输,最终实现智能化的应用和服务,提高生产和生活的效率和质量。发展至今,智联网已经应用到了一些前沿领域。例如,在工业智联网中,网络化工控制系统总体趋势是从简单的本地仪控,慢慢演化到远程智能的复杂系统管控。随着智能制造的广度和深度进一步发展,即将出现"软件定义工业""类工业领域"等智能大工业新形态,而智联网将在该发展过程中起决定性的作用。工业智联网的诞生,将会以极高的效率整合各种工业和社会资源、极大降低工业过程中的浪费和消耗、极大地解放工业生产力,并促进智能大工业的出现和高速发展。

不难看出,智联网的发展前景相当广阔。未来,智联网的应用场景将不断拓展,随着物联网和人工智能技术的不断发展,智联网将在包括智能家居、智能交通、智能医疗、智能制造等多个领域发挥作用，为人们的生产和生活带来更多的便利和创新。技术在不断进步，包括物联网、人工智能、大数据等技术的发展和应用，为智联网的发展提供了强大的技术支持。市场需求也在不断增加，随着人们对智能化生活需求的不断增加，智联网的市场需求也在不断扩大。智联网的应用可以提高生产效率，降低成本，增加收益，其在相关产业中发展潜力巨大，将会对各个行业产生深远的影响。

智联网拓展了物联网体系结构中的智能应用层，将其拆分为边缘计算层、安全层、管理层等。

边缘计算层是一种将数据处理和分析的任务从云端转移到网络边缘设备的技术。边缘计算层可以提高数据处理和分析的速度与效率，减少数据传输的延迟和带宽消耗，同时也可以提高数据隐私和安全性。边缘计算层通常由边缘设备、边缘网关、边缘服务器等组成。

安全层是保护数据和设备安全的一种机制。物联网中的设备和数据非常多，因此安全问题也非常重要。安全层包括数据加密、身份认证、访问控制、风险评估等技术，可以保护物联网中的数据和设备免受攻击和威胁。

管理层是管理设备、数据和应用的一种机制。管理层可以提供设备注册、配置、监控、维护等服务，可以帮助物联网应用实现更高效、更可靠、更安全的运行。管理层通常由设备管理平台、数据管理平台、应用管理平台等组成。

1.7.3　智联网与传统物联网

智联网诞生自物联网，又区别于物联网。物联网传输的是传感和管控的数据，实现的是感知和控制的协同；而智联网的智能互联交换的是知识本身，经过充分的交互，在知识的交换中完成复杂知识系统的建立、配置和优化。在智联网中，海量的智能实体组成由知识联结的复杂系统，依据一定的运行规则和机制，如同人类社会一样，形成社会化的自组织、自运行、自优化、自适应、自协作的网络组织[5]。

物联网的重点是物品和设备间的连接和数据传输。相比之下，智联网实现了对设备和物品的智能化管理和控制，重点是自动化和智慧化。自动化是指，物联网终端可以在满足一定条件时按照预先设定好的自动化规则自动执行特定任务。智慧化是指，处理数据的设备能够理解数据的深层意义，例如能够理解文本或图片中的有效信息,甚至对数据进行模型分析,进而帮助决策。从某种程度上讲,智联网是物联网的升级版,在智联网设备下,物品与设备之间不再是被动式的连接,而是可进行智能交互的有机连结。

智联网的未来发展趋势是智能体群体之间的"协同智能",即以某种协同的方式进行从原始经验数据的主动采集、获取知识、交换知识、关联知识,到知识功能,如推理、决策、规划、管控等的全自动化过程,因此智联网实质是一种新型的、直接面向智能的复杂协同知识自动化系统。

1.8 通用人工智能 + 物联网

上一节提到的智联网是一种广义上的概念,指将物联网与人工智能技术相结合形成的网络系统。而通用人工智能(Artificial General Intelligence,AGI)+物联网将进一步对行业应用产生新的变革与挑战。

1.8.1 通用人工智能的概念与发展历程

通用人工智能(AGI)源于人工智能(AI),由于传统 AI 研究逐渐陷入对单一领域的智能化追求,如机器视觉、语音输入等,为了与传统 AI 加以区分,概念中加入了"G"(General,通用)一词。

尽管 AI 一词最初就是用于表达与人类智能相似的机器智能的含义,但在人工智能跌宕起伏的发展过程中,AI 的内涵已经发生了变化,成为机器学习、统计分析的代名词,早已远离了智能的初衷。在这种情况下,依旧坚守当年梦想的少数学者共同成立了通用人工智能协会,并确定使用 AGI 词条作为本领域正规称谓。

与 AGI 相对的概念是专用人工智能,也称为弱人工智能,它只处理特定领域内的特定任务,因此不需要具有人类完整的认知能力,甚至可以完全不具有人类所具有的感官认知能力。而 AGI 是人工智能的主要研究目标之一,具备执行一般智能行为的能力,能够在不同的环境中自主学习、理解和完成不同的任务。

最早的人工智能研究出现于 20 世纪 50 年代中期,学界通常将 1956 年的达特茅斯会议视为人工智能诞生的标志。最早有一批人工智能研究者认为强人工智能不但是可能的,而且将在几十年内出现。人工智能先驱赫伯特·西蒙(Herbert Simon)在 1965 年写道:"在 20 年之内,机器就能够做到一个人能做到的任何事。"启发这一预言的是斯坦利·库布里克(Stanley Kubrick)和亚瑟·查尔斯·克拉克(Arthur Charles Clarke)创作的科幻小说中的角色——HAL 9000,一台超级电脑。当时的人工智能研究者确信,能够在 2001 年制造出这样的机器。值得一提的是,人工智能先驱马文·明斯基(Marvin Minsky)在创作 HAL 9000 的工作中,担任了项目顾问,任务是尽量将其制作得与当时主流研究界预言一致;根据克雷维尔(Crevier)所引用他在 1967 年所说的话,在一代人之内,制造"人工智能"的问题就将被基本解决。

然而,到了 20 世纪 70 年代初,研究者们意识到他们远远低估了其中的困难。资助 AI 项目的机构开始对强人工智能产生怀疑,向研究者们施压要求他们转向更有用的技术,即所谓的"应用 AI"。

在 20 世纪 80 年代初,日本的第五代电脑开始重新对强人工智能恢复兴趣,制定的十年计划中包括一些强人工智能的目标,比如"进行日常对话"。同时,工业界和政府的资金重新开始注入这个领域。

人工智能的市场在 20 世纪 80 年代晚期再次发生剧烈崩塌,而第五代计算机的目标从未实现。再一次,人工智能研究者们对于强人工智能即将到来的预言落空了。

到了 20 世纪 90 年代,人工智能研究者背上了无法实现自己承诺的名声,他们拒绝再作出任何预言,并且避免提到任何"人类水平"的人工智能,以免被贴上"白日梦"的标签[6]。

在 2022 年,出现了以 ChatGPT‐3.5 为代表的许多大语言模型,再次将大众的视野拉回到对 AGI 的关注。发展至今,AGI 领域仍处于相对早期的发展阶段,从某种意义上说,还没有人展示出一种被广泛认为具有显著通用智能的软件或硬件系统,或者接近通用的人类水平的 AI。在不久的将来,AGI 的设计、工程、评估和理论仍有可能取得巨大的、相互关联的进展。

1.8.2　AGI + 物联网的优势

1) 任务表现持续提升

深度学习利用 Transformer 等技术实现了多模态的数据读取和训练,这使得模型可以融合多种不同模态的数据,获得更好的任务表现,同时又使得物联网技术在更多场景中采集的数据得到了更有效的应用。例如,智能手环可以持续检测人体运动加速度。这一数值最早仅用于运动监测。后来,该数据经过算法计算,可以实现步数计算,这时再结合其他传感器收集的信息,甚至可以帮助用户进行睡眠监测,评估睡眠质量。

2)终端计算能力不断提升

传统物联网终端主要负责数据的采集与传输,而随着智能芯片、嵌入式处理器、感知设备等的不断发展和小型化,终端设备被不断赋予了智能数据处理能力,能在成本约束下完成部分数据处理和智能推理任务,可以为提升计算的实时性和保护数据隐私性提供支撑。随着边缘计算和边缘智能不断兴起,AGI下的物联网进一步提升了本地数据处理能力。边缘计算是指在用户或数据源的物理位置或附近进行的计算,能就近提供边缘智能数据处理服务,这样可以降低延迟,节省带宽。Gartner将边缘计算列为2020年十大战略技术趋势之一,其诞生解决了智能物联网发展的瓶颈问题[2]。由此物联网边缘设备的计算能力得到广泛提升,结合神经加速单元,可以在终端直接实现本地的AI计算。

3)自我学习和适应性的增强

AGI在整个系统中可以启动发现模式,确定哪些数据是最重要的,并根据需要改变自己的行为。同时,IoT设备生成大量的数据,AGI可以通过处理这些数据来了解设备的运作方法,每个设备的性能和操作过程,以及它们如何与其他设备交互等。这使得设备看起来更加智能化,能够实现自动化并进行调整和自我优化,从而提高了系统的效率和可靠性。

4)一致性和集成性的提高

IoT系统通常由多个设备和软件组成,它们可能由不同的厂商开发和制造。这意味着一个IoT系统可能由许多不同的协议和技术堆叠组成。AGI可以通过适应不同的环境来提高整个IoT网络的集成性,并可通过分析不同的协议或技术堆叠,确保IoT系统的一致性和以更高效的方式工作。

5)有效的事实查明

AGI能够通过IoT设备生成并存储的巨量数据来进行事实查明、预测和数据分析,提升用户或组织的洞察力,帮助他们做出基于真实数据的准确决策,例如预测设备故障并及时进行维护或预测原材料和储备的需求量等。

6)更高级别的自动化和控制

AGI 结合 IoT 系统可以实现更高级别的自动化和控制。通过从 IoT 设备中收集数据并对其进行分析,AGI 可以自主决策或根据预先设定的规则发出指令。这样一来,IoT 系统可以自动执行许多任务而不需要人工干预,并且可以实现更高效率。

7)增强安全性和保护隐私

使用 AGI 结合 IoT 系统可以提供更高的安全性和更好的隐私保护。AGI 可以检测到异常行为、入侵以及其他潜在的威胁和风险,并采取相应的措施保护网络和数据。此外,AGI 可以控制用户数据,避免个人信息被泄露。因此,结合 AGI 的 IoT 系统可以显著提高隐私和安全性,使用户更放心地使用设备和网络。

总的来说,AGI 的加入对物联网本身有着相当重大的意义:其一,可以更加有效地处理和分析大量的传感器信息,使得物联网系统更加智能、自主和高效;其二,可以优化设备的维护和保养,从而减少设备故障导致的停机时间和损失;其三,可以协调不同的设备和系统之间的交互,从而实现更高效、更可靠的数据传输和生产活动;其四,可以提高物联网的可靠性和安全性,及早识别异常并进行处理,排除潜在风险。

物联网在加入 AGI 后可以为许多行业带来革命性的改变。例如,在制造业中,AGI 与物联网的结合可以打造更加自动化、可预测和精确的生产线。在医疗保健领域,AGI 和物联网的组合可以提高患者诊断和治疗的准确性和效率。在农业领域,AGI 下的物联网可以实现自动化农业和可持续农业,从而提高农业产量并减少对环境的影响。

1.8.3　AGI+ 物联网实现原理和技术路线

物联网的智能化发展是必然趋势。作为第三次信息化浪潮的核心技术之一,物联网可以承载人工智能、云计算、大数据等新兴技术,相互促进、融合发展,推动人类社会迈入"万物智慧互联"时代。

人工智能和物联网的融合是新兴技术交互发展的必然结果。新一代人工智能是以数据为核心的训练型智能,而物联网正是提供海量数据的极佳来源。智能物联网模式在智慧城市、智能家居、智慧农业、节能减排、无人驾驶、医疗健康等领域已经得到初步应用。而将其推广到通用领域,即可实现AGI＋物联网。

AGI＋物联网模式的基本流程如下:物联网利用各种传感设备采集多种格式、类型的原始数据,将数据转移存储至大数据平台,通过大数据分析完成对数据的分析处理,向人工智能算法提供所需数据;利用人工智能技术,对海量数据进行特征提取并深度挖掘,充分利用数据信息的价值,做出多种智能化分析,最终将分析结果反馈给物联网平台。

这里可以将智能分析任务划分为三类:一是实时分析,例如在无人驾驶领域,车辆通过传感设备、摄像头、实时通信系统、智能控制系统收集路况信息、实时反馈和及时响应,最终实现自动驾驶功能;二是最优分析,例如在智慧农业领域,智能温室大棚部署多种传感器,采集作物生长过程中的温度、湿度、光照时长和二氧化碳浓度等环境参数,通过智能数据分析,模拟出最适宜作物生长的环境;三是预测分析,例如在智慧气象领域,气象研究人员正不断尝试利用该模式进行天气气候预测、气象灾害预警等,目前该领域的应用正处于初级阶段,但是未来人工智能和物联网的综合运用在气象领域拥有巨大的潜能和发展空间[7]。

如今,物联网数据采集所使用的各种传感设备已经得到了高度发展,为物联网提供了海量的数据支持。同时,边缘计算等新兴技术的兴起,也使得物联网感知层采集的海量数据能够高效地传输到网络层。难点在于,感知层所采集的数据往往包含多种形式,例如交通系统中就涉及摄像头采集的图像,传感器采集的地面温度、降水量等信息,要实现进一步发展,如何处理和分析这些数据是绕不开的问题。这就要求 AGI 具有优秀的多模态数据处理能力。

目前,人工智能在多模态数据处理方面还处于探索阶段。罗锦钊等[8]在对人工智能大模型发展现状的总结中注意到了"视觉-语言大模型"在多模态数据处理方面的突破。"视觉-语言大模型"是指利用视觉和语言数据之间的跨模态交互,学习视觉的一般特征,然后将其转移到下游的分类、检索、目标检测、视频理解、视觉问答、图像描述、图像生成等视觉任务的大模型。2021年,OpenAI 提出视觉-语言大模型 CLIP,验证了文本-图像结合的大规模弱监督预训练的有效性。2022年，美国软件服务提供商Salesforce提出一个模型BLIP，通过联合训练视觉和语言模型来提升多模态任务的性能。2023年，其又提出了BLIP-2，一个更简洁的预训练方法，即利用现有的单模态视觉和文本预训练模型，以减少计算成本，避免灾难性遗忘问题。BLIP和BLIP-2是视觉语言-预训练领域取得的重要进展，为多模态任务的研究提供了新的思路和方法。2023年3月，GPT-4正式发布，它将文本输入扩展到多模态输入。同月，谷歌和柏林工业大学的AI研究团队推出了PaLM-E，提出具身多模态语言模型，使得模型具备具身推理能力。

随着人工智能在多模态数据方面的处理能力的不断提高，数据将得到更为准确和有效的利用，产出更加智能化的分析结果。"AI＋IoT"模式有望向着"AGI＋IoT"模式发展，即从单一模态数据向多模态数据转变，实现跨系统、跨领域复杂环境下的智能分析和智能控制。

1.8.4 AGI＋物联网发展瓶颈与问题

1）暂无通用标准及协议

当前AGI和物联网的相关技术标准和协议呈现多元化的状态，这是因为相关技术发展的时间比较短，而且发展速度快，没有留给市场制定统一标准的时间。各个品牌厂家急于进行市场战略布局，打造针对自己品牌的专属服务，并未将资源投入通用标准和协议的探讨上。短期内通用标准及协议的缺失不会引起致命问题，但长远看是非常不利的。

随着市场体量的不断增大及客户需求的多元化，更加丰富的硬件、软件组合均会出现。届时必然会出现模块内硬件软件无法直接对接的问题，需要额外投入资源进行二次开发，这完全与最初的降本增效理念相悖。为了解决这个问题，需要几个头部企业组建联盟，约定相关硬件和软件的对接协议。

建议参考当初12C、SPl、CAN、UART等总线协议的诞生模式，先由头部企业约定模块间的对接协议和相关标准，再推动市场上其他厂家遵照执行。这个方案推行初期会很困难，但随着标准协议的普及，其他非标厂家势必要接受改变，不然将面临自家产品被市场排斥的处境。

标准及协议的制定必须在爆发性增长结束之前完成，不然等到木已成舟，就难以改变技术市场的困境。因此，各个品牌厂家应该意识到这个问题的重要性,并将资源投入通用标准和协议的探讨上。只有合作和协商,才能制定出统一的技术标准和协议,解决模块内硬件软件无法直接对接的问题。通过制定模块间的对接协议和相关标准,可以降低开发成本和提高效率。因此,制定统一的技术标准和协议对于整个行业的发展至关重要。

2)端管云一体化存在壁垒

端管云一体化是指将终端设备、传输网络和云服务三个部分整合在一起,实现数据的无缝传输和管理。其中,云服务是端管云一体化的核心,因为服务器的成本高昂,同时兼顾硬件和软件的开发门槛高,很多中小企业甚至大型企业都会选择购买云服务器。

目前来看,端管云三部分往往不是一家企业独立完成的。具体来讲,终端设备、传输网络、云服务通常涉及三个及以上的厂家。终端设备的种类和品牌也多种多样,传输网络包含 4G、5G、Wi-Fi、有线网络等类型,在云服务市场上也有很多主流品牌。

端管云一体化的壁垒主要体现在云服务平台的兼容性上,如何兼容不同类型的终端接入设备虽然看似没有太大难度,但整合基础资源恰恰是最难的环节。若无法有效打开市场,技术上的整合便会成为无用功。因此,云服务厂家需要推出独具特色的一体化建设方案,将产品进行一体化打包,同时营销部门也需要加强推广力度,以降本增效为核心思想来完成技术落地。

3)下游应用场景与需求的高度碎片化

碎片化是任何技术或产品发展到后期必然要面临的问题。所谓碎片化,实际上是长尾分布的一种体现,也就是说即使几家头部企业占有较大的市场份额,仍然有大量零散的中小企业及品牌存在。出于某些考虑,很多客户会选择一些名不见经传的品牌。另外,下游应用场景将变得越来越多样化,需求类型也将呈几何级数增长,最终呈现应用场景和需求的高速碎片化。

需要提前明确一点,碎片化是必然趋势且无法被阻止,只能最大限度地降低碎片化。降低碎片化可以从两个层面入手,一方面是降低应用和需求的碎片化,将一些无效的需求剔除,对不合理的应用场景进行优化;另一方面是降低技术层面的碎片化,主要做法是整合操作系统或者平台,将市场上存在的各类技术层面的服务进行精简,去碎片化。

在降低碎片化的过程中,企业还需要注意平衡市场需求和技术发展的关系。虽然碎片化是一个必然趋势,但企业仍然需要关注市场的发展趋势和用户需求的变化。只有紧跟市场的步伐,及时调整产品和服务的策略,才能在激烈的市场竞争中立于不败之地[9]。

4) 伦理问题

滕妍等人的研究指出,AGI＋物联网在伦理上面临着三个问题,分别是算法的不确定性与真实性、可靠性问题;数据的隐私安全、偏见、毒性与公平性问题;算力对能源与环境的影响问题[10]。

首先,在算法上,机器学习的本质是计算机自动学习训练数据的内在规律。而计算机通过学习后掌握的所谓"内在规律"对人而言却是不可见的。因此,AGI 实际上是一个黑匣子,仅有输入数据和输出数据可见,这时就需要验证模型的鲁棒性。纪守领等人的研究指出[11],现今广泛应用的深度学习模型的鲁棒性分析仍处于初级阶段,其主要采用的两类方法包括精确方法和近似方法。

第一,精确方法。此方法可以证明精确的鲁棒性边界,但计算复杂度高。在最坏情况下计算复杂度相对于网络规模是呈指数增长的,因此这一方法通常只适用于极小规模的神经网络不确定性与真实性问题。

第二,近似方法。此方法效率高、能够扩展到复杂神经网络,但只能证明近似的鲁棒性边界。可以看出,目前并无标准而完备的鲁棒性分析方法。

AGI 作为机器学习的产物,人们目前并不能解决其算法的不确定性和真实性问题,甚至无法对 AGI 模型进行准确评定。而 AGI 作为一个通用模型,不可避免地会涉及安全攸关型应用,例如飞机、汽车等交通工具的自动驾驶问题。在应用前必须为模型的鲁棒性提供理论上的安全保证,即计算模型的鲁棒性边界。模型鲁棒性边界是针对某个具体样本而言的,是保证模型预测正确的条件下样本的最大可扰动范围,即模型对这个样本的分类决策不会在这个边界内变化。如果 AGI 做出某种自适应控制操作,人们无法解释其原因或无法确定导致该操作的条件范围,说明在不确定性和真实性问题上,AGI 还远未达到应用于物联网的要求。

同时,美国人工智能安全中心主任丹·亨德里克斯(Dan Hendrycks)等将机器学习的鲁棒性解释为系统面对"黑天鹅"事件和对抗性威胁时表现出的能力[12]。"黑天鹅"事件,是指难以预测,但突然发生时会引起连锁反应、带来巨大负面影响的小概率事件。以物联网场景中一个简单的例子来解释,自动驾驶系统可以掌握:在交通信号灯为绿灯情况下可以通行。但当侧面来车突然失控闯红灯时,自动驾驶系统是否能根据情况更改行驶逻辑? 或者从智能交通系统的整体上来看,其是否有能力在意外威胁出现时及时调整,规避风险? 在物联网的真实场景下,模型试错的代价可能是相当巨大的。因此,保证 AGI 的可靠性相当重要。虽然安全性原则的不断细化和完善,可以有效避免"黑天鹅"事件,但对抗性威胁已经显著地影响到了现有模型的可靠性。对抗样本通过向正常样例中添加精细设计的、人类无法感知的扰动,达到不干扰人类认知却能使机器学习模型做出错误判断的目的。一个经典的案例是,在图像分类任务中,原始样本以超过 50% 的置信度被识别为熊猫,而在对样本针对性地添加对抗性扰动后,模型以接近 100% 的置信度将原图像识别为长臂猿。但对于人类而言,两张图的区别微乎其微,肉眼甚至难以分辨。究其原因,人类和模型处理信息和决策的方式不同。人类基于理解来处理信息,模型则依靠对大规模数据样本进行拟合和迭代处理信息。人类和模型虽然都遵循安全优先的原则进行决策,但人类具备快速适应和灵活修改原则的能力,模型在超出训练数据的条件下进行自适应决策时往往无法保证可靠性。就此而言,目前 AGI 应用于物联网中还无法保证人类的安全。

其次,在数据上,通用模型面临着隐私安全、偏见、毒性和公平性问题。这些问题主要可以分为两类:一是训练样本中含有的偏见和毒性问题,二是数据所涉及的隐私安全问题。

训练样本中的偏见和毒性问题是通用模型面临的主要伦理风险之一。美国国家标准与技术研究院将人工智能偏见分为三类,包括系统偏见,指由历史、社会造成的对某些群体的偏袒或贬低;统计偏见,指样本的代表性缺陷而导致的统计上的偏差;人类偏见,指人类决策者思维的系统性错误。由于训练数据的收集和标注过程可能存在人为的主观判断和偏见,这些偏见可能会被模型所学习并反映在模型的输出中。例如,如果训练数据中存在性别歧视或种族偏见,那么模型在处理相关任务时可能会表现出类似的偏见。此外,训练数据中可能还存在着恶意、有害的内容,这些内容可能会对模型的性能和安全性产生负面影响。通用模型训练使用的数据中可能存在相当一部分无标注数据,这部分无标注数据中难免含有一定量的偏见和毒性。同时,由于通用模型的黑匣子性质,这部分带有偏见和毒性的数据还有被模型放大的可能,进一步提升了风险。在真实场景下,当样本中某些群体遭到偏见或歧视,模型结果就可能使部分人群——特别是边缘群体遭受不公正的对待,继承或加深社会刻板印象。例如,OpenAI 用 ZS CLIP 模型鉴别 10 000 张 FairFace 数据库的图片,结果显示,通用模型对不同人群(如种族、性别、年龄等)的识别是不同的,如更容易将男性和 20 岁以下人群视为罪犯,更容易将女性识别为保姆[13]。

数据所涉及的隐私安全问题也是通用模型需要解决的重要问题之一,这方面问题主要包括数据泄露、功能僭变、伪造、诈骗等具体问题。在训练过程中,模型需要访问大量的敏感信息,如个人身份信息、位置信息等。如果这些信息没有得到妥善的保护和管理,就可能导致用户的隐私泄露和滥用。由于在采集大量训练数据时多使用网络公开数据,原始训练数据中所使用的个人信息可能已经侵犯了个人隐私。其一是这些网络公开数据本身可能包含了敏感信息,其二是在使用这些训练数据时也许未征得本人许可,未告知其将用于通用模型训练。而模型强大的推理能力也为恶意使用者提供了便利。近来不断发展的深度伪造技术和恶意使用的 AI 生成功能已经引起了公众注意。随着模型的不断成熟,如何保证其不被用于不法行为,避免出现恶意追踪个人信息等隐私安全问题,也是通用模型需要解决的。

为了解决这些问题,研究人员提出了一些解决方案和技术。例如,采用去偏技术来减少训练数据中的偏见;使用差分隐私技术来保护用户隐私;采用对抗性训练等方法来提高模型的鲁棒性和安全性等。总之,只有在充分考虑伦理风险的前提下,才能更好地开发出安全可靠的通用模型。

最后,算力对能源和环境的影响问题也值得重视。为应对气候危机,2015 年,《巴黎协定》将控制气温上升作为长期目标,我国也于 2020 年明确了"双碳"目标。训练和应用大型模型无疑会消耗大量资源并产生碳排放,不利于节约能源和保护环境。近年来,"军备竞赛式"的通用模型研发所造成的环境问题已经不容忽视。斯特鲁贝尔(Strubell)等[14]梳理了几种常用的深度学习语言模型在训练环节的碳足迹和计算花费。结果显示,训练这些模型产生的二氧化碳当量从 0.012～284 吨不等。如在不做超参数调整的情况下,训练一个基于 Bert 的模型所产生的碳排放大致相当于一次环美飞行所产生的排量;而训练神经架构搜索模型所需的计算费用高达 90 万～300 万美元不等。而 AGI 这样的大型通用模型相比于目前的深度学习语言模型,所产生的消耗和排放无疑会提高若干个量级。当 AGI 在物联网中广泛应用后,更是会产生巨量碳排放的问题。在代内正义层面上,发达国家更容易享受到 AGI 应用后所带来的便利,所产生的碳排放也更多,而发展中国家不仅更难享受红利,反而更容易受到气候变化的负面影响。在代际正义层面上,AGI 应用后所产生的环境问题也很有可能会影响到后代,是否会对可持续发展产生不良影响,也是需要面对的问题之一。

1.8.5　AGI＋物联网未来研究方向

综合来看,AGI＋物联网还存在着多方面的不足亟待解决。未来,智能物联网研究需要更多的研究者共同参与,深入物联网系统应用问题研究、关键技术瓶颈突破以及通用性平台的凝练与研发。一方面需要在软硬协同终端智能、面向 AIoT 的智能演进、新一代智能物联网网络、动态场景模型持续演化、人机物融合群智计算等关键技术方面实现不断突破。另一方面,面对多模态感知、泛在互联、场景动态、资源受限、实时处理、普适服务等技术挑战,需要研发具有"自组织、可配置、抽象化"等特征的通用 AGI＋IoT 操作系统等平台。

未来 AGI＋物联网的主要研究方向可能包括以下五个方面:

(1) 安全性和隐私性。随着 IoT 设备的普及,安全性和隐私性问题将成为一个重要的关注点。未来业界将探索如何提高 IoT 设备的安全性和隐私性,防止敏感数据被未经授权者访问。

(2) 能源管理。IoT 设备的数量不断增加,将对能源供给产生巨大压力。未来人们将研究如何利用 AGI 和其他技术来协调多个 IoT 设备,以实现更高效的能源利用。

(3) 数据分析。IoT 产生了海量数据,这些数据需要进行汇总、存储和分析。未来开发者们将研究如何使用 AGI 和机器学习技术来进行快速、高效的数据处理和分析。

(4) 自适应和智能控制。IoT 设备的智能控制将是一个重要的研究方向。未来科研人员们将研究如何开发自动化控制系统,以提高能源效率和设备性能,并实现 IoT 设备之间的协作。

(5)人机交互。IoT 设备的使用需要与用户进行交互,这将成为未来研究的另一个热点。未来相关企业将探索如何使用 AGI 技术来开发更自然、智能的人机界面。

思考实践

在智慧校园中,物联网技术作为一种新兴技术被广泛采用。实际上,在很多领域早有物联网的应用案例转换为智慧校园应用来实现互通互用。请你寻找周围的智慧家居系统,体验其主要功能,指出其物联网体系结构、运行逻辑和支撑软硬件,并思考如何将这些应用案例转换为智慧校园应用。

第 2 章
智慧校园概述

　　智慧校园建设在创新智能时代学校办学条件，推进物联技术及各类智能感知设备在校园中的应用，实现校园办公基础设施的统一管理和智能调度，提升学校治理能力，提高学校教育教学创新能力，加快以学生为中心的教育教学方式变革进程，培育智慧校园标杆案例，打造智慧教育创新实践高地等方面具有重要的意义，本章将对智慧校园进行介绍。

2.1　智慧校园建设背景

　　随着信息化时代的发展，教育信息化已经成为全球教育领域的重要发展方向。智慧校园作为信息化时代下的教育模式，是利用物联网、云计算、大数据、人工智能等新一代信息技术[15]，通过对学校内部的各种资源、设施、信息的智能化管理和服务，以提高教育教学质量、提升学校管理效率、改善学生学习体验为目标的新型教育模式。

　　随着全球教育信息化的进程不断加快，智慧校园建设越来越受到各国政府和教育界的重视。现阶段，我国各地政府和学校致力于推动智慧校园建设，2018 年出台的《智慧校园总体框架》[16] 更是进一步明确了智慧校园建设的理念、目标、原则、技术和应用模式等方面的具体内容。

　　智慧校园建设的背景是时代的发展呼唤教育的变革。信息技术的快速发展和广泛应用使得人们对教育有了更高的期望和需求。智慧校园的建设，以现代信息技术为支撑，以学生为中心，旨在打造更加科学、人性化、高效的教育模式，提高教育教学质量，促进教育公平，推动教育现代化。智慧校园的建设不仅是教育信息化的发展方向，也是未来提高各高校教学、科研和管理效率的必然趋势。诺兰模型[17]认为，信息化发展必须经过初始、推广、控制、集成、数据管理和成熟六个阶段。联合国教科文组织把信息技术应用于教育的过程分为起步、应用、融合、创新四个阶段[18]。上述理论揭示了教育信息化发展的客观规律，表明发展阶段间存在相互联系、依次递进的关系，并且各阶段之间无法隔断或超越。

经过一个周期的教育信息化建设，当前教育信息化又衍生和积累了一些新现象和新问题，信息化外部环境发展演进活跃，新理念与新技术不断涌现。在此背景下，教育信息化发展已清晰地呈现出智能化、开放化、个性化与社交化等特征。"智慧校园"逐渐成为信息化发展的主题与潮流[19]。

2.2 智慧校园的定义

智慧校园即智慧化的校园，是一种将人的因素、设备的因素、环境及资源的因素以及社会性因素，在信息化背景下有机整合的独特的校园系统[20]，也指按智慧化标准进行的校园建设。国家标准 GB/T 36342—2018《智慧校园总体框架》[16]中对智慧校园的定义是：物理空间和信息空间的有机衔接，使任何人、任何时间、任何地点都能便捷地获取资源和服务。具体框架如图 2-1 所示。

基础设施层是智慧校园管理的物理基础，提供了异构通信网络、广泛的物联感知和海量数据汇集存储。包括校园信息化基础设施、数据库与服务器等。它为智慧校园管理的各种应用提供基础支持[21]，为大数据挖掘、分析提供数据支撑。它需要满足稳定、可靠、安全、高效的要求，为上层的应用和服务提供支持。它体现了未来教育的数字化和信息化的特征。

支撑平台层是智慧校园管理的核心层，提供了云计算、数据交换、数据处理、数据服务、支撑平台和统一接口等功能。它为智慧校园管理的各类应用服务提供驱动和支持，如数据存储、数据分析、数据共享等[22]。它体现了未来教育的数据驱动和创新能力的特征。

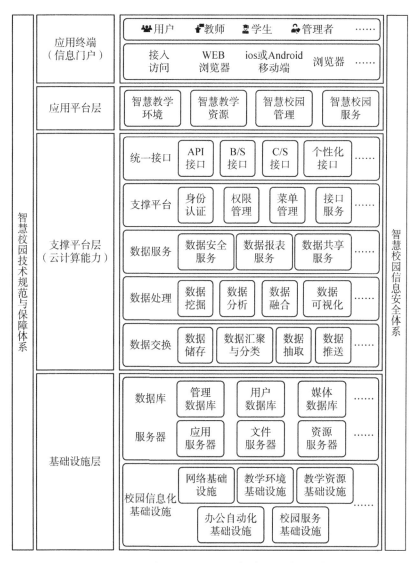

图 2-1 GB/T 36342—2018 智慧校园总体框架

应用平台层是智慧校园管理的内容层，提供了协同办公系统、人力资源系统、教学管理系统、科研管理系统、资产管理系统和财务管理系统等应用，包括智慧教学环境、智慧教学资源、智慧校园管理、智慧校园服务四大部分[23]。它直接服务于教学、科研、管理等业务活动，满足用户的各种业务需求。它体现了未来教育的个性化、生涯化和终身化的特征。

应用终端是智慧校园管理的接入层，提供了各种终端设备，如电脑、手机、平板电脑等，包括了用户和接入访问两个方面。它是用户直接使用的设备，通过这些设备，用户可以方便地访问和使用各种应用和服务。它体现了未来教育的泛在化和便捷化的特征。

信息安全体系是一个贯穿于整个智慧校园管理框架的重要部分。它包括物理安全、网络安全、主机安全、应用安全和数据安全等方面。信息安全体系需要满足国家标准 GB/T 22240-2008 规定的三级要求。它体现了未来教育的安全性和可信赖性的特征。

综上，智慧校园是在早期校园信息化建设的基础上，运用先进的技术手段完成教学资源和校内业务的有效整合，实现校内信息系统、移动设备和教学基础设施的互通互联，促进校内各项业务系统协同工作，为师生提供智能化、一体化的服务平台[24]。具体如图 2-2 所示。

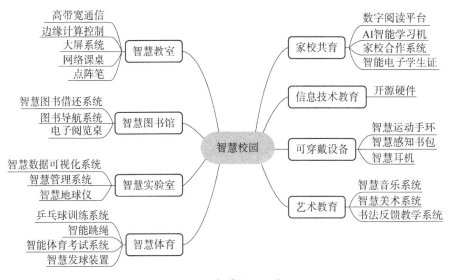

图 2-2　智慧校园示意

2.3　智慧校园的发展历程

2.3.1　智慧校园的提出

智慧校园是指在现代信息技术支撑下，将传统校园的教育、管理、服务等各个方面进行智能化改造,从而提高校园管理效率,提升教育教学质量,满足学生、教师和管理人员的需求,实现校园信息化和数字化建设的目标。

在 2008 年,IBM 的总裁兼首席执行官彭明盛在他的演讲中首次提出了"智慧地球"的概念,这一概念后来引发了黄荣怀、祝智庭等学者对于"智慧校园"的构想和建设思路的探讨[25][26]。智慧校园作为"智慧地球"思想在教育领域的延伸,以其引领教育信息化创新发展,带动教育教学创新发展,最终指向创新型人才的培养是教育信息化发展的必然趋势。

总之,智慧校园的提出是为了适应信息时代发展趋势,借助现代信息技术的力量,提高校园管理和教育教学效率,为学生、教师和校园管理者提供更好的服务和更优秀的学习、工作环境。

2.3.2 发展现状

智慧校园的发展可划分为多个阶段,王运武等学者将智慧校园的发展历程划分为以下五个阶段:校园网(1990—2001 年)、校园信息化(2002—2005年)、数字校园(2006—2011 年)、智慧校园(2012—2018 年)、新一代智慧校园(OMO 智慧校园)(2019 年之后)[27]。

从校园网阶段过渡至校园信息化再到数字校园阶段表现为从少数学校建成了校园局域网过渡到信息化与学校业务逐渐融合以及信息化教学资源的逐渐丰富等,再到无线校园逐渐推广与打造数字学习环境等。

《智慧校园总体框架》《教育信息化十年发展规划》等一系列政策的出台标志着中国正式步入智慧校园阶段。此阶段校园智慧化水平不断提升,实现了高水平的信息化基础设施和应用系统建设,资源建设方面也取得了显著进展。建设智慧校园取得了一系列成果,有些甚至形成了自己的特色,如华东师范大学的新媒体宣传服务平台突出了智慧的文化创新、浙江大学的学术创新服务平台重在智慧科研等[28]。

与新一代智慧校园相对应的是《中国教育现代化 2035》的发布,在这个阶段互联网(智能全光网、Wi-Fi6)、电信网(5G、6G)、广播电视网(卫星宽带)、智能电网(电力载波通信)、物联网等多网融合,加快推进校园网进入超高速信息通信时代,智慧校园在推动教育系统整体性变革、教育治理现代化、培养创新人才和智慧人才等方面的作用进一步增强;智慧校园的智慧化水平显著提升,能够为师生提供高体验感、高满意度的智慧教育服务;将呈现智慧教育、未来教育、线上线下混合教育、移动在线教育、短视频＋直播教育等多种教育形态。

技术是教育信息化发展的支撑与载体,近年来信息化新技术呈现出井喷的态势。云计算、大数据、移动技术、物联网及社交网络等技术被深入研究与推广应用,为智慧校园的建设打下了坚实的基础。主要包括以下几个技术方向:

(1)物联网与环境感知。

(2)移动互联与移动应用。

(3)基于云平台的教育资源整合与组织。

(4)社交网络与学习协作。

(5)大数据与数据挖掘。

(6)智慧课堂与未来教室。

2.3.3　未来发展策略

当前智慧校园有两种发展形态,其一是数智校园,其二是未来校园。

数智校园是数字校园的进一步发展和升级,它以数据分析和智能化技术为核心,旨在通过更深入的信息化应用,推动学校教育的变革和提升[29]。数智校园具备以下特征:利用数据驱动决策;以智能化技术支持教学;整合资源丰富教学内容;加强数据安全和隐私保护。数智校园注重利用智能设备、物联网技术等实现校园设施的智能化,提供更智能、便捷的校园服务。

未来校园是基于科技发展趋势和教育变革需求,对校园进行全面的创新和改造的校园。它注重整合数字技术、智能技术、虚拟现实、增强现实等新兴技术,打造具有高度智能化、个性化和互联互通特点的学习环境[30]。未来校园将充分利用科技手段提供智能化学习服务;注重个性化学习需求并培养终身学习能力;利用虚拟现实与增强现实营造沉浸式学习体验;实现校内外的互联互通。未来校园旨在通过引入新技术和教育模式推动教育的创新和变革,培养具有创新精神和实践能力的人才[31]。

美国密涅瓦大学(Minerva University)是一所"没有围墙"的新型大学,初步展现了未来校园的样貌。它通过网络教学与互动,让身处不同地方的学生在同一个虚拟空间中互动和学习。密涅瓦大学依靠他们自己研发的密涅瓦教学平台构建着一种全新的教学形式。其课程是讨论驱动式的，激发了学习者的更多参与热情，提高了他们的理解力和记忆力。课程的结构化设计会随着时间的推移不断强化概念，并提示学习者在新情况下应用这些概念。这种将学习从一种环境转移到另一种环境的教学模式可以培养学生更好地分析问题和创造性解决问题的技能。

传统的大学，就是学生走进教室，教授站在一群学生面前讲课。随着大规模开放式在线课程的兴起，很多大学课程可以在线免费获取。但密涅瓦大学不是在线课程提供商，也不是测试平台上研讨会的形式。密涅瓦大学没有校园、图书馆和食堂，学生们在城市健身房和文化资源中心进行课外活动。这样可以避免在校园建设上浪费太多成本，把钱花在与学生有更直接关系的支出上。密涅瓦大学的教师基本上是学术风范，教室里没有粉笔灰尘、没有散落的论文和书籍，教室犹如办公室，非常整洁。

密涅瓦大学更加注重多学科教学，"五位一体"：艺术与人文科学、社会科学、计算科学、自然科学、商科等。并为学生提供一流的实验场所。密涅瓦大学也非常注重体验式教育，认为学生应该多多接触社会，而不是脱离实际地学习。第一年，学生会在学校总部旧金山学习，其余三年的 6 个学期，则由学生自主选择在全球其他 6 个城市度过。

总的来说，像密涅瓦大学这样的智慧校园，以其数字化教学平台为基础构建底层架构，通过智慧化的算法将学生联系起来，以实现其先进的教学理念，并达成其设定的教学目标。由此看来，数字校园是基础，数智校园是数字校园的升级版，智慧校园是更加综合和全面的概念，未来校园则更加注重未来科技的应用和教育的创新。数字校园、数智校园和智慧校园强调了技术在教育中的渗透，而未来校园则关注了教育的未来愿景和创新方向。它们共同的目的是推动教育的现代化和发展，提供更好的教育资源和学习环境，提升学生的学习效果和素质。这些阶段代表了教育领域在数字技术和数据应用方面的不断演进。这些阶段之间存在连续性，共同构建了教育领域的现代化发展脉络。

无论智慧校园向着哪个方向发展，均表现出如下几个趋势：

（1）可持续性和绿色校园。全球范围内的智慧校园都在关注可持续性和环保。这包括减少碳排放、提高能源效率，以及优化资源利用。绿色校园建设是全球共同的目标，各国的高校都在采取措施来实现这一目标。

（2）智慧城市与智慧校园融合。越来越多的智慧校园解决方案与智慧城市建设深度融合，将校园功能与城市公共服务、商业等功能相结合。这种融合产生了更广泛的社会影响，有助于城市的可持续性和发展。

（3）新技术的广泛应用。全球范围内的智慧校园都在积极探索物联网、云计算、人工智能、区块链等新兴技术的应用。这些技术为智慧校园的建设提供了强大的支持，从数据分析到资源管理都得到了改善。

（4）校园安全的提升。各国高校对校园安全问题高度关注，不仅关注传统的数据和个人信息安全，还通过物联网、大数据和人工智能等技术来提升校园的安全基础设施，建造物联互动、智能预警的安全校园[32]。

（5）教育模式的改革。全球智慧校园都在寻求改进教育模式，强调以人为本，尊重学生的个性差异，培养学生的自主能力、创新能力和实践能力。这反映了学生对更灵活、个性化学习的需求。

（6）评估和标准化。在全球范围内，智慧校园建设需要更加注重效果评估和标准化。各国高校正在努力制定共同的智慧校园建设标准，以便推广和分享最佳实践。

这些趋势反映了全球教育领域对于创新、可持续性和安全性的共同关切，以及对于利用新技术改进学习和教育的迫切需求。在未来，全球各地的智慧校园将继续发展和演进，以满足不断变化的教育需求和社会挑战。

2.4 智慧校园的设计

2.4.1 智慧校园功能应用需求

1）教育管理和行政支持

学校管理是智慧校园的核心之一。学生信息管理系统的建立使学校能够有效管理学生档案、课程注册、成绩记录等。教职员工管理系统帮助学校实现教职员工的招聘、考勤管理和工资处理，使学校管理变得更加高效。此外，财务管理系统有助于学校有效管理经费分配和账务处理。资源分配与规划也是一个重要的需求,帮助学校更好地利用教室、图书馆、实验室等资源。

2)教育教学支持

教育教学是学校的核心功能,因此智慧校园应用必须支持教育教学的创新。虚拟教室和在线学习平台为学校提供了远程教育和在线学习的机会,促进了教育的全球化。教育资源库的建设有助于学校存储和分享教育教材、视频和课程计划。此外,智能课堂技术,如智能白板、在线测验和学生反馈工具,提供了更多互动和个性化学习的机会。

3)学生服务和支持

学生服务和支持是提高学生满意度的关键因素。学生信息查询系统允许学生方便地查看课程表、成绩、校园活动等信息。课外活动和社交平台促进了学生之间的交流和合作。同时,快递和校园卡服务管理学生的生活事务,如快递送达和用餐支付。

4)校园安全和监控

校园安全一直是学校关注的焦点。智能监控系统为学校提供了智能化的校园安全监控和紧急事件响应。门禁系统控制校园入口和出口,确保校园的安全性。

5)学校宣传和校友关系

学校的声誉和校友关系对于学校的长期发展至关重要。学校网站和社交媒体管理帮助学校宣传相关活动、发布新闻和信息,吸引更多潜在学生和合作伙伴。校友关系管理系统跟踪校友信息,组织校友活动,维护学校与校友之间的联系。

6)能源管理和环境保护

为了实现可持续发展,学校需要关注能源管理和环境保护。智能能源管理系统可以控制校园用电、供暖和照明,以节约能源和降低成本。同时,环境监测系统监测校园的空气质量、水质等环境指标,有助于提高校园的环境质量。

7)校园导览和智能交通

为了方便师生的校园生活,校园导览应用可以帮助新生和访客找到校园中的地点,减少迷路和浪费时间的情况。智能交通管理系统可以优化校园内部交通流动,减少交通拥堵,提高校园交通的效率。

2.4.2　智慧校园建设应遵循的原则

1）统一标准，资源共享

智慧校园的建设需要充分考虑相关信息系统与学校所在省、市教育信息资源的共享，建立信息资源共享机制，充分利用网络基础、业务系统和信息资源，加强整合，促进互联互通、信息共享，使有限的资源发挥最大的效益[33]。

2）开放性原则

智慧校园的建设要对各应用系统的开发平台、数据库和运行环境进行统一考虑。智慧校园在后期的应用过程中，校园网上的应用和资源会越来越多，如果对各项应用缺乏有效的组织和管理，技术升级存在风险，那么，业务系统维护的成本将会不断增加。因此前期的建设必须考虑学校未来需求的变化和扩展，通过开放性的平台进行持续改进，并能够实现更加方便的系统维护。

3）集成业务应用系统

在符合行业标准的前提下，建设智慧校园数据标准，以智慧校园平台为框架，无缝集成学校已建和新建的业务应用系统，促进数据利用的最大化。最大程度融合数据交换集成、用户管理、统一身份认证、业务数据整合、信息资源展示等，以标准、数据、应用、用户作为主线进行规划和建设。

4）先进性原则

系统设计采用先进的智慧校园理念、先进技术和系统工程方法，建设一个可持续发展的，具有先进性、开放性的智慧校园。

5）系统安全性原则

在系统设计与建设中，应该充分考虑数据安全、网络安全、传输安全、管理安全等系统的安全。

2.4.3　智慧校园标准

智慧校园是指利用现代信息技术手段，将学校的各种资源进行整合，实现教育教学、管理、服务等各个方面的信息化，提高学校的办学水平和管理水平。表2-1是我国智慧校园建设的相关标准及规范。

表 2-1 智慧校园标准

类型	标准名称	发布时间	发布机构
政策引导	教育资源建设技术规范	2002	教育部教育信息化技术标准委员会
	教育信息化 2.0 行动计划	2018	教育部
	中国教育现代化 2035	2019	中共中央、国务院
建设指南	智慧校园总体框架	2018	国家标准化管理委员会

《教育资源建设技术规范》标准对智慧校园的资源管理和共享提出了技术要求，《智慧校园总体框架》标准提供了智慧校园的整体建设规划，《教育信息化 2.0 行动计划》文件强调了智慧校园的技术创新，《中国教育现代化 2035》文件将智慧校园纳入教育现代化战略，促进了教育质量、效率和可持续性的提升。

2.5 智慧教育理论

智能是思维能力的表征，而智慧集知识、能力、情感态度与价值观等心理因素于一体，因此，智慧是智能的再突破。智慧的生成推动人类从多维度思考问题并提出最优化的解决方案。目前，智能教育停留在利用技术提高教育产品在教学中的应用效果的层面，而智慧教育是全方位的，更加关注综合能力[34]。近年来，华东师范大学祝智庭教授、北京师范大学黄荣怀教授等专家学者致力于对智慧教育理论与实践的研究，为智慧教育的发展与推进作出了突出贡献。智慧教育是一种以培养有道德、向善且全面发展的创新型人才为终极目标的教育理论。要想构建起新时代的智慧校园，那么必定离不开对智慧教育理论的深度认识和理解。

智慧教育以公平优质为核心，数字素养为导向，抓住教育数字化转型的时代契机，本着"精准、个性、优化、协同、思维、创造"的原则[35]，在学为中心、适性发展、需求驱动、开放创新、人机协同、数据赋能[36]、机制灵活的教育生态大环境中，从智慧教学、智慧评价、智慧治理三方面贯彻落实，由此构建了智慧教育理论框架，具体如图 2-3 所示。

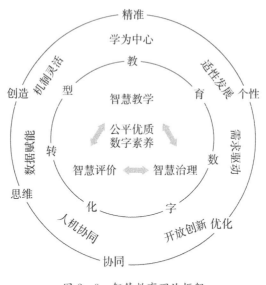

图 2-3　智慧教育理论框架

2.5.1　智慧教学

2022 年 4 月,教育部颁布了《义务教育课程方案和课程标准(2022 年版)》,聚焦发展学生核心素养。教育的核心是促进学生素养提升。未来社会向教育提出新的需求,智慧教学是实现智慧教育不可或缺的环节。革新学习内容、凸显技能教育,提高学生综合素质与修养势在必行。以技能本位为代表的智慧教学理论逐渐兴起,技能本位成为智慧教学的内容标签。高校学生在课堂学习的知识如不加以应用,则难以理解其价值所在,长期如此会增加大脑的认知负荷,降低学习兴趣。而技能习得、掌握及应用能够实现学习知识与提升素养齐驱并进。技能本位教学秉持着"技能第一、知识第二"[37]的理念,强调主动学习与进取精神[31]。

以技能为本并非否定知识的重要性,而是换一种途径与方式加深对知识的理解,提升综合素养。譬如,学习 Python 编程时,若仅仅依靠演示文稿和文本资料,用眼睛、耳朵等器官感知知识,学习过程无疑是枯燥的,且学习内容在头脑中并不会保持太久。反之,学生利用此软件以处理图片的方式形成一种技能,则更容易理解 Python 编程软件的价值所在,再次遇到类似情景时会条件反射地回忆起曾经学习的相关操作原理,真正实现学有所用,提高解决生活中实际问题的能力。

单纯依靠人类工作者难以实现教学的精准化、个性化、差异化；而立技术为王，教学永远不可能拥有温度。因此，人机协同是智慧教学的总抓手。人机协同集智化教学、沉浸式学习、深度学习、跨学科学习、智慧作业、网络教研等新型教与学模式为用户提供高质量服务和良好的个性体验，推动生成式学习的发生，彰显教育"人性化、数据化、精准化、高效率"的时代面貌，适应了培养面向智慧社会的创新型人才的发展需求。

2.5.2　智慧评价

技术的迅速发展促进教育评价与考试发生质的变化。当我们发现，在大语言模型蓬勃发展的时候，学生并没有善加利用，而是把它们"玩坏"了。学生为了能够更"快"地做题，直接将智能作答的答案当作自己的答案提交，糊弄老师。显然，这是以"唯分数论"为首的评价体制的问题。当前，数字教育遇到的最大的瓶颈就是教育评价的滞后。智慧教育阶段的评价需要弃其流弊、承其合理，发展新的评价工具、评价方式、评价理论和哲学[38]，构建新的评价范式，实现智慧评价。智慧评价的意义在于培养学生的批判性思维、数字素养和解决实际问题的能力，防止未来人类被人工智能所取代，而不是培养所谓的"刷题机器、高分将才"。

要想实现智慧评价，就需要构建创新评价体系，以可视化、多模态数据为基础，人机协同推动增值性、过程性、终结性评价相结合，走向多维度、全方位、多主体的整体化评价[38]。过程性评价发生在学习活动开展过程中，旨在对学生的学习行为进行全面评估。增值性评价，属于过程性评价的一种，重点关注学生学习行为发生前后所取得的进步，将师生双方的发展与取得的成果相联结[39]，综合实际情况确定学生的成长路径，激发持续学习动力，增强获得感。终结性评价发生在学习活动结束之后，多以考试或考察的方式对学习者的表现进行评价。建议多种评价方式相融合，重结果亦重过程，推动教育实现公平且优质发展，培养出更多德才兼备，富有创造力的栋梁之材。

智慧评价主体具有多元性，包括机器、自我、小组、教师、家长及社区等；智慧评价维度包含知识、技能、想象力、创造力、实践力、情感态度与价值观等方面;评价实施依据明确的评价量规与标准,遵循"公平、及时、有效、全面、精准、真实"十二字要求,生成学习者数字画像、归入成长档案,并提供即时、有针对性的反馈,附带改进提升意见,推动教与学高质量发展。

2.5.3 智慧治理

智慧治理是实现智慧教育的根本保障。教育数字化转型的不断推进对教育治理思路提出了新要求。智慧治理应改变原有"一家独大"的教育治理范式,实现权力下放。而实现权力下放,需参考多方面因素,实现多元主体协同治理,提高治理水平,推动教育优先、可持续发展,避免治理理论与治理实践发生"脱轨"。建议国家、政府、社会、市场、学校、班级等共同参与治理过程,形成覆盖宏观、中观、微观三维度的开放式、系统化的综合治理格局,携手捍卫教育的公益性和服务性。

政府是宏观治理层面的主体,重点进行教育发展蓝图的顶层设计与优化,制定相应政策制度,自上而下,激发基层组织的办学活力。学校中观自主办学[26],拥有一定治理权与决策权,鼓励社会大众积极参与,结合自身实际,推陈出新,寻找一条适合学校发展的路径。应以学校为本,有针对性地提出特定问题的解决方案,提高治理效率。微观层面,师生是教学活动的基本单元,师生基于亲身感知与全面体验为教育治理献计献策,增强治理条例的可实施性,夯实中小学办学主体地位,自下而上,推动教育变革与发展。

数据"智"理是从技术上解决治理难题的一种新型方案。数据是学习过程与结果的形象化表征。依靠数据分析,全面了解教育现状,捕捉优势与不足,为提出治理措施改善教育生态提供必要参考,因地制宜,推动治理行动有效落实。人工智能和大数据等新技术的发展为教育治理提供可靠平台和优质服务,优化教育治理结构,提升现代教育治理能力,促使教育决策机制和教学服务管理体系更加精准化和高效能。在教育过程中,不仅有大数据指导宏观的治理,也有教育小数据来个性化辅导每一个孩子。大模型可以处理多模态数据,加深对每一个个体的数据理解,并构建对应的数字孪生模型,给出针对性的指导意见。因此,以学生为中心、以数据为依据,人机协同公共治理是"慧治"的关键所在。

2.5.4　智慧生态

要将数字技术与教育相融合,为学习者创设更加开放的学习环境、更加丰富的教学活动和更加及时的评价反馈[40],推动教育公平且优质发展。VR、AR及GPT等人工智能技术的发展连接云端推动学习者走出有限的物理空间。目前,建设、维护运行平台、安全平台、标准平台和数据资源平台成为智慧校园的主要后勤工作。学习数据分析技术的广泛且有效运用,实现为学习者适需供给学习资源、量身定制学习计划,提供高质量、针对性服务,增强学习体验和创造力。学生始终处于学习服务的中心,合适的学习内容与精准的分析、反馈和指导的获得已成为常态。智慧教育背景下,师生获得全方位、全领域、全过程的平台、工具、资源等的支持。跨学科、跨领域融合学习成为可能。正式学习和非正式学习、物理空间和数字空间、线上学习和线下学习等融为一体,促进学习者参与互动,提高教学的灵活性和适应性[41]。翻转课堂、双师课堂、专递课堂等新型教学模式相继涌现,多模态、多元化、系统化数据引领学生自适应学习。人机协同为学习主体适配最优的资源与场景,提供合适的学习支持,聚焦思辨思维,这有利于挖掘学生潜能,提高学习成效,培养"智慧人"。

智慧化服务教、学、管、测、评是智慧生态始终不变的理念。学习服务呈现合理性、多样性、交互性、持续性、个性化、差异化、精准化特征。万物互联机制,推动实现灵活化教育,能够适应每个学习者独特的学习风格、文化背景和成长经验[31]。学习行为、教学过程以及测评等环节不一定发生在教室空间,或许在某个间隙利用电子化设备便可顺利完成,为学习者营造了更加自由的学习氛围,达到了随时随地都可以学习的效果。同时,教室的温度、湿度、光色、桌椅高度等均可以根据实际教学活动需求和问题进行调整,以到达最优化的组合水平,促进学生高效率实现学习目标,获得良好学习体验。学习平台能根据学生数字画像进行一对一优质资源推送;智能学伴、智能导师不再是冷冰冰的机器,而是有温度的引导者,能够与学习者进行有效互动,给予学生心灵上的抚慰,协同学生轻松完成学习任务,实现知识建构。

2.6 从"数字校园"到"智慧校园"

教育领域的发展经历了数字校园、数智校园、智慧校园和未来校园多个阶段,每个阶段都在不同程度上反映了教育和技术的融合。

数字校园是学校教育信息化发展的产物,通过技术手段改造和提升传统校园[42]。它具备以下五个特征:关注学生的有效学习和教学方式创新;以服务教育教学为基本理念;支持丰富的学与教资源;多种应用系统有机集成、业务高度整合;拓展学校的时空维度,丰富校园文化。数字校园建设的核心理念是将信息技术与教育教学深度融合,以实现教育信息化的目标,同时与社会信息化的发展保持一致[43]。数字校园注重利用数字技术提供教学资源、支持在线学习、提升教学效果等。然而,仅仅依赖于网络基础设施、数字化学习资源和应用软件系统的发展,无法有效支持学习和教育方式的变革,也难以扩展校园的时空维度。数字校园主要集中于数字化工具的应用,尚未充分发挥数据分析和智能化技术的作用[44]。在数字校园发展过程中学界提出了数字化教育的概念,对于之后数字校园的迭代有着极大的影响。

2.6.1 数字化教育的内涵

发展数字教育要不断丰富数字教育应用场景,推动数字技术与传统教育融合发展,创新教育理念、方法、形态,让数字技术为教育赋能、更好地服务于育人的本质[45]。而且数字化转型是世界范围内教育转型的重要载体和方向,数字教育是应对危机挑战、开启光明未来的重要途径和举措[46]。

在数字化转型进程中,数字技术与教育深度融合,催生数字教育。所谓数字教育。微观上是指数字化教育教学流程重组,通过运用大数据、人工智能等核心数字技术,开发智能学伴、AI助教等个性实用的新应用模块,提供更优质、更便捷、更高效的教育服务,提升学习者数字素养和能力,实现教育泛在化、个性化、精准化,打造"人人皆学、时时可学、处处能学"的无边界教学;宏观上是指教育支撑系统重塑,通过改革创新办学模式、教学方式、管理体制、保障机制等方面,革新教育理念、再造教育流程、重构教育内容、重组教育结构、创新教育模式,构建以学生发展为中心,连接、开放、共享、个性化、智能化的教育新格局[47]。

2.6.2　数字化教育的发展目标与趋势

数字化教育是一种以数字技术为基础的教育模式,它强调公平、包容、高质量、绿色发展和开放合作。在实际应用中,数字化教育的目标是建立一个与数字时代相适应的全纳、公平、高质量、可持续的终身教育体系,培养出适应数字时代的新人。

数字化教育的主要内容包括:构建终身教育体系,改革人才培养模式,赋能教学与评测,支撑办学与治理,创新管理与保障,以及注重隐私与安全。

一是构建终身教育体系。这意味着我们需要以人为本,完善全民终身学习推进机制,搭建以学习者为导向的数字资源共享平台,构建覆盖各级各类人群、形式灵活适切的终身学习服务体系。

二是改革人才培养模式。我们需要注重提升学生的数字素养与能力,培养具备学科知识跨界融合能力、沟通与协作精神、批判性思维、复杂问题研究解决、团队合作意识、创意与创新性、计算思维,以及掌握低碳、环保、可持续发展的绿色技能的数字时代新人。

三是赋能教学与评测。我们强调以知识与数据双驱动提升教育教学和评价效能,打造创造性、沉浸性和适切性的课堂教学,重塑个性化、精准化、科学化的全过程伴随式教育评价。

四是支撑办学与治理。强调公平包容、开放合作、更高质量、绿色持续的数字办学新形态,紧密围绕数字技术的创新运用和数据的集成整合,开展基于大数据驱动、人工智能辅助的教育分析与决策。

五是创新管理与保障。建立互联互通、即时高效、动态共享的数字管理与保障体系,遵循需求牵引、应用导向的原则,释放教育资源活力,集成运用数字技术,整合多元力量,以教育智能化助推教育管理高效化。

六是注重隐私与安全。以协调、透明、深度的安全隐私保护,加强培养全民数字素养和信息安全意识,推动信息安全规则协调统一,明确数据透明体系建立,加快信息安全伦理法治建设,完善监管机构与安全制度体制。

同时,未来教育数字化转型和数字教育发展应着重把握以下四个方面[48]:

一是升级改造数字教育资源体系,助力数字资源跨界互通。优质数字教育资源共建共享是发展数字教育的关键一环,应充分发挥数字资源优势,建立统一、安全、便捷的数字资源传播交换通道,实现跨地域、跨领域、跨部门数字资源覆盖与共享。支持教学与科研并进发展,整合企业资源,促进资源流动共享,推动数字资源体系建设,提高资源配置和交换的效率与效益;向公众提供"数字工具包",包含各种数字技术支持的技术平台、资源工具、数字软件等,提供更加可及、适切、优质的资源。

二是打造数据大脑,开展数据驱动的评价创新。数字教育依托数字技术记录教学过程中的学生数据、学习过程数据、课程数据、学生学习习惯等,全面赋能师生动态数据的监测、感知、采集和分析,建立教育基本数据库,强化大数据支撑的教育教学多元过程评价,开展教师画像、学生画像、课程质量等评价活动,助推数据驱动的教育过程评价体系构建,促进建立智能化、科学化、全方位的教育评价系统。

三是夯实教师数字素养和技能,助推"数字教师"培养。推动人工智能+教师队伍建设,推进人机共教新方式,实施数字技术支持下的各项教学活动,探索技术支持下的教学新模式、新方法;建立教师数字素养评价标准和测评体系,开展动态监测,并纳入教师考核评价;保障教育从业者拥有数字技能、数字素养研修机会,提供数字教育、数字培训、数字支持,全面提升教师教学能力与数字素养;帮助教师提升数字素养,习得数字技能,适应数字技术改革,加快教师专业可持续发展。

四是强化数字教育多维互通,推进多边参与合作机制。从国家层面规划战略布局,明确发展高质量、高包容的数字教育措施,制定长期战略重点与行动路径,研制相关数字治理标准,提供资金、政策等支持。地方政府与分支部门贯彻落实,明确地方教育发展特色,按需细化实施关键要素,落实具体行动。企业、机构、高校形成多级联动,开展数字教育产品资源研发,提供更为精准化、个性化、智慧化的数字教育服务。加强国际数字交流与合作,建立跨国数字教育组织,搭建国际沟通交流平台,努力构建利益共同体,积极探索开放、包容、协作、共享的世界数字教育生态圈。

2.6.3 数字学习环境的设计与优化

数字学习环境是基于互联网、移动互联网和信息技术的学习环境,它以数字化的形式为学生提供学习资源、学习工具和学习支持,实现学习的个性化、自主化和互动化[49]。

数字学习环境的设计可以考虑以下几个方面。

(1)学习目标。数字学习环境的设计需要根据学习目标进行,包括知识点、技能和能力等方面的目标。

(2)学习资源。数字学习环境需要提供丰富、多样化的学习资源,包括文本、图片、音频、视频、模拟实验等。

(3)学习工具。数字学习环境需要提供多种学习工具,包括在线测试、课件制作、作业提交、讨论区等。

(4)学习支持。数字学习环境需要提供学习支持,包括学习指导、学习反馈、学习评价等。

(5)个性化。数字学习环境需要支持个性化学习,包括学习路径、学习速度、学习内容等方面的个性化设置。

(6)互动化。数字学习环境需要支持学生之间和学生与教师之间的互动,包括在线讨论、在线辅导、在线答疑等。

数字学习环境的优化可以考虑以下几个方面。

(1)用户体验。数字学习环境需要优化用户体验,包括界面设计、操作流畅性、反馈及时性等方面。

(2)效果评估。数字学习环境需要进行效果评估,包括学习成果、学习满意度、学习效率等方面的评估。

(3)数据分析。数字学习环境需要进行数据分析,包括学习行为、学习成果、学习趋势等方面的分析,为学习环境的优化提供依据。

(4)技术支持。数字学习环境需要提供稳定、安全、可靠的技术支持,包括网络、服务器、软件等方面的支持。

总之,数字学习环境的设计与优化需要综合考虑学习目标、学习资源、学习工具、学习支持、个性化和互动化等方面,以提高学生的学习效果和满意度。

典型的数字化学习环境的例子有以下几个。

(1)知识论坛(Knowledge Forum)。知识论坛是为了支持"知识建构"(knowledge building, KB)教学而开发的一款强有力的工具。知识建构是当前 CSCL(计算机支持的协作学习)研究领域中的热点,同时也是 CSCL 研究的核心问题之一。知识建构这一理论和教学模式带给教育从业者最大的冲击是它和"学习"之间的本质差别。知识建构的创始人马琳·斯卡德玛利亚(Marlen Scardamalia)和卡尔·巴雷特(Carl Bereiter)希望通过这一学习模式改变过去死板的教学模式,将传统以知识为目标的学习变成真正的以解决问题为导向的探究式学习。这个过程可以让学生以自然而非刻意的方式习得相关的知识,并且将其深化和应用。知识论坛将传统的面对面小组讨论转移到了网络平台上,并且通过平台的多元功能保存每一个讨论记录,方便回顾与总结,还有教师评估。知识论坛中有一个叫做视窗(view)的东西,视窗的建立是根据主题的需要而定的。

(2) Kahoot 平台。数字化环境支持的课堂互动 Kahoot 是一个基于游戏的互动平台,它能够为学生搭建一个有趣的学习空间,使学生以游戏竞答的方式参与到课堂中。Kahoot 是一种基于 Web 的教学工具,其教师操作页地址是 https://create.kahoot.it,学生操作页地址是 https://kahoot.it。它是由挪威的一家在线教育企业开发的,于 2013 年底免费向公众开放,并承诺永远免费开放,目前已经在全球 180 多个国家推广使用。相对于一般课堂中以师生问答形式组织的教学互动,Kahoot 平台支持的教学互动具有游戏性、互动反馈性和便捷性的特点。

(3) 智慧教室。智慧教室是数字教室和未来教室的一种新形态,是一种新型的教学形式和现代化教学手段,以打造智慧教学与学习环境为目标,利用物联网、云计算、大数据分析、增强现实等技术,对当前的校园教室数字化环境进行智慧化改造,同时整合各类教学资源,构建智慧化教学、智慧化学习、智慧化管理体系。它面向未来个性化教育、云端教育、在线学习,打造既能满足当前教育发展需求又具有一定前瞻性的智慧教育环境。

2.6.4　应运而生的智慧校园

智慧校园建设是基于物联网、大数据、云计算、人工智能等技术,通过对校园内设施、资源和学生进行全面信息化管理、协调、优化和创新,提升校园教育教学和管理服务的水平,为学生提供更优质的学习和生活环境[30]。智慧校园包括数字化、智能化和智慧化的元素,注重整合各种技术和资源,实现教育教学的创新和提升。前文的介绍已较完备,在此不过多赘述。

智慧校园相对于数字校园来说更加综合和全面。数字校园和智慧校园均强调了技术在教育中的渗透,它们共同的目的是推动教育的现代化发展,提供更好的教育资源和学习环境,提升学生的学习效果和素质。这些阶段之间存在连续性和相互关联,共同构建了教育领域的现代化发展脉络。

2.7 智慧校园的"智慧"所在

2.7.1 如何体现"智慧"

智慧校园的智慧主要体现在以下几个方面[50]:

第一,智慧校园能够通过感知和分析真实世界中的人、物体和环境,建立模型并总结出一般规律和发展趋势。这意味着智慧校园可以更好地理解和应对现实世界中的各种情况和挑战。

第二,智慧校园有效地整合了各种资源,降低了人力和物力成本,提高了校园信息化的效率。通过智能化的管理和优化,智慧校园能够更高效地利用资源,提供更好的服务和支持。

第三,与数字校园相比,智慧校园实现了更高程度的智能化,能够满足师生的个性化需求。智慧校园可以根据个体的特点和需求,提供定制化的服务和支持,提高学习和教学的效果。

第四,智慧校园使信息化深入校园的各个领域,为教师的教学和学生的自学提供了全面的信息化服务。无论是教学资源的共享和管理,还是学生学习过程的跟踪和评估,智慧校园都能够提供有效的支持和帮助。

第五,智慧校园加强了校内校外的联系,使得师生在校外也能够享受到校园的信息化服务。通过互联网和移动技术的应用,智慧校园打破了校园的封闭性,实现了真正的信息化。师生可以在校外继续学习和交流,与校园保持紧密的联系。

2.7.2 如何实现"智慧"

智慧校园中的智能主要是依赖人工智能技术。人工智能作为一种智能模拟,是计算机技术、机器学习、自然语言处理、模式识别等多学科交叉的产物。在人工智能中,数据、算法、算力和知识是构成其体系结构的基本元素(见图2-4),同时也是实现其智能化的关键因素。

图 2-4　人工智能的四大关键因素

　　人工智能作为一种智能模拟,是计算机技术、机器学习、自然语言处理、模式识别等多学科交叉的产物。在人工智能中,数据、算法、算力和知识是构成其体系结构的基本元素,同时也是实现其智能化的关键因素。

　　数据是人工智能的基础,具体指的是在各种领域中收集到的大量结构化和非结构化数据。对于人工智能来说,数据是训练算法和预测模型的材料。这些数据可以是文本、图像、语音、视频等多种形式,而它们的价值则在于揭示事物之间的关联和规律。大量高质量的数据可以为机器学习算法提供足够的信息和特征,从而帮助人工智能更好地完成任务。

　　算法是人工智能的核心,它是人工智能实现智能化的关键。算法是一系列有序的计算步骤,可以用来解决特定的问题。在人工智能中,算法指的是各种机器学习算法、深度学习算法等技术。这些算法可以从数据中提取有价值的信息和特征,通过训练来识别和预测未来的情况。例如,在图像识别领域,卷积神经网络(Convolutional Neural Network, CNN)是一个常用的算法,可以通过对训练数据的学习和识别,准确地识别和分类图像。

　　算力指计算机硬件的能力,包括处理器速度、内存容量和存储空间等方面的表现。在人工智能中,需要处理大量的数据和运算复杂的算法,因此需要强大的算力。随着计算机技术的不断发展,特别是GPU(图形处理器)技术的兴起,人工智能的算力不断提高,从而可以更快地进行计算和训练,实现更高效的智能化应用。

知识是人类对于事物的理解和认知,包括知识体系、专业术语、逻辑推理等。在人工智能中,知识是帮助机器理解和推理的关键,它通过各种形式的知识表示来让机器学习和模仿人类的认知过程。在人工智能领域,知识库是一个重要的概念,它是一种结构化的知识表示形式,用于存储、管理和使用人类专家的知识。知识库包含大量的数据、概念、关系和规则,这些信息可以被计算机程序使用,用于自主学习和决策。

知识库是构建人工智能系统的重要基础之一,它可以用于多种应用领域,如自然语言处理、机器翻译、推荐系统、智能问答等。知识库的作用在于为人工智能系统提供丰富的知识背景和语境,使得机器可以更加精准地理解和分析人类语言和行为,并且能够自主进行决策和判断。

知识库的构建和维护需要消耗大量的时间和人力成本,需要专业知识和技术的支持,而通过物联网技术采集的数据可以更便捷快速地收集数据并构建知识库。

物联网的数据可以作为人工智能知识库的重要组成部分,人们可以通过对大量物联网设备和传感器产生的数据进行分析,提取出有用的信息和规律,并将其纳入知识库中。这些知识可以用于智慧校园的建设,包括学生行为分析、校园安全监测、设备运行监控等。

以下是构建人工智能知识库并建立智慧校园的几个关键步骤。

第一,数据采集。数据采集的对象是物联网设备和传感器产生的数据。这些数据包括学生的行为轨迹、设备的运行状态、校园的环境监测数据等。

第二,数据清洗和预处理。由于物联网设备产生的数据通常包含一定的噪声和异常值,需要对数据进行清洗和预处理,使其符合人工智能算法的要求。清洗和预处理的过程包括数据去重、数据过滤、数据转换等。

第三,数据挖掘和分析。在数据清洗和预处理之后,需要使用人工智能算法对数据进行挖掘和分析,提取出有用的信息和规律。这些信息和规律可以用于学生行为分析、校园安全监测、设备运行监控等方面。

第四,知识表示和存储。将从数据中提取出来的知识进行表示和存储,以便于人工智能算法的使用和调用。常见的知识表示方式包括本体表示法、规则表示法、语义网表示法等。

第五，知识应用。将知识应用于智慧校园的建设中，包括学生行为分析、校园安全监测、设备运行监控等。例如，使用人工智能算法对学生行为进行分析，预测学生的未来行为，以便校园管理人员及时干预，防止不良行为发生；同时，对校园的环境数据进行分析，及时发现并处理校园安全隐患，提升校园的安全性。

在智慧校园建设中，基于物联网数据构建人工智能知识库是不可或缺的一步。通过对物联网数据进行分析和挖掘，提取出有用的信息和规律，可以为学校提供更加智能化和个性化的服务，提高校园管理的效率和精度。

2.8 通用人工智能 + 智慧校园

随着新一代人工智能技术在通用智能方面的快速突破和创新，通用人工智能（AGI）技术将让智慧校园产生新的变革。

2.8.1 AGI + 智慧校园场景

AGI 拥有和人类智能相似的智能水平。随着 AGI 投入使用，原来的信息孤岛将被打破，数据互通的新一代智慧校园得以建立。同时，智慧校园的数据研究迎来了新的研究范式，现存的四种研究范式，十分关注数据之间的因果推断关联，以大数据为支撑的"第五范式"不再局限于真实世界的经验观察，而是直接通过科学方程的数值解来刻画真实世界，形成新的科学智能（AI4Science）研究范式。

在智慧校园中，AGI 的应用可以为学校提供更高效、更人性化的智能服务，提升教育教学水平和校园管理效率。

首先，在教育教学方面，AGI 可以为学生和教师提供智能化的学习和教学辅助工具，帮助学生更好地掌握知识，帮助教师更好地授课和评估学生。例如，AGI 可以通过自然语言处理和知识图谱技术，对学生的语文作文和数学计算进行智能评估和辅导。同时，AGI 还可以根据学生的学习习惯和能力，为学生提供个性化的学习路径和资源推荐，提高学生的学习效果和兴趣。

其次，在校园管理方面，AGI 可以通过智能化的数据采集、分析和预测，提高校园管理的精细化和智能化水平。例如，AGI 可以通过学生出勤、成绩、行为等数据,分析学生的学习状况和行为特点,为学校提供智能化的学生管理方案。同时,AGI还可以为学校提供基于数据的预测和决策支持,帮助学校更好地规划校园发展和管理。

最后,AGI还可以在校园安全和服务方面发挥重要作用。例如,AGI可以为校园安保提供智能化的监控和预警服务,防范各类安全事故和犯罪行为。同时,AGI还可以为校园提供智能化的服务,例如校园导览、智能问答等,方便师生的生活和工作。

AGI在智慧校园中的应用前景广阔,可以为学校提供更高效、更人性化的智能服务,帮助学校提升教育教学水平和校园管理效率,推动智慧校园建设进程。

2.8.2　AGI 与教育伦理

（1）AGI引发的教育伦理问题：

第一,AGI的出现可能导致传统的职业和工作模式发生变化,从而影响到教育和就业机会的分配。

第二,AGI可能会使得学生之间的学习能力和学习效果的差异进一步放大,从而影响到教育公平性。

第三,AGI可能会收集和分析学生的各种数据,包括学习行为、个人偏好等,可能会侵犯个人隐私。

第四,AGI可能会改变人与机器之间的关系,从而影响到人类的社会和文化,例如是否应该让 AGI 参与教学决策,是否应该让 AGI 评价学生的学习成绩等。

（2）AGI带来的隐私与数据安全问题：

第一,AGI需要大量的数据来进行学习和决策,这可能会导致个人数据被收集和使用。

第二,AGI存储的数据可能会被黑客攻击或内部人员泄露,从而导致个人隐私泄露。

第三,AGI可能会将数据用于不当用途,例如广告营销、个人评价等,从而侵犯个人隐私。

第四,AGI可能会通过数据分析和决策来影响个人的行为和决策,从而限制个人的自由。

为了应对这些安全问题,可能采取的措施有:

第一,加强数据保护。加强数据加密、访问控制和备份,防止数据泄露和滥用。

第二,保障隐私权。制定隐私政策和法规,保障个人隐私权。

第三,公开数据使用方式。向用户公开数据使用和处理方式,告知用户数据的收集和使用范围。

第四,强化安全意识。加强安全意识培训,提高用户和员工的安全意识和防范能力。

第五,加强监管。加强对 AGI 的监管和管理,确保其合法、安全和可靠。

(3)人工智能在教育中的公平性与平等性挑战。人工智能在教育中的应用可能会带来公平性与平等性挑战,主要表现在以下几个方面:

第一,数据偏见。人工智能在教育中的应用需要大量的数据来进行训练和决策,但这些数据可能存在偏见,例如种族、性别、社会经济地位等因素,从而导致决策结果不公平。

第二,教育公平问题。人工智能技术需要专业的知识和技能来进行开发和应用,这可能会导致一些人无法获得公平的机会,从而加剧教育的不平等。

此外,人工智能在教育中的应用可能会导致教育资源的个性化分配,从而使得一些人获得更多的机会和资源,而其他人则会被忽视。

第三,人机关系问题。人工智能在教育中的应用可能会改变人与机器之间的关系,从而影响到人类的社会和文化,从而导致不平等和不公平。

为了应对这些挑战,我们可以采取以下措施。

第一,加强数据收集和管理,减少数据偏见和不公平性。

第二,加强人工智能技术的普及和教育,降低技术门槛,使更多的人能够参与人工智能的应用。

第三,在人工智能应用中实现公平的资源分配,例如通过提供更多的教育机会和资源来平衡不同群体之间的差异。

第四,加强对人机关系的研究和探讨,促进人机互动的平等和公正。

人工智能在教育中的应用需要面对公平性和平等性挑战,需要采取多种措施来降低数据偏见、降低技术门槛、实现公平分配和重视人机关系等方面的问题。

(4)培养学生面对 AGI 的道德意识与责任感。

随着人工智能技术的不断发展,人们对于人工智能的道德问题和责任问题越来越关注。在未来,人工智能将会越来越普及,对于学生来说,培养面对人工智能的道德意识和责任感显得尤为重要。关于培养学生面对 AGI 的道德意识与责任感,有以下建议:

第一,引导学生了解人工智能的道德问题和责任问题[51]。教师可以通过课堂教学、讨论、案例分析等方式,引导学生了解人工智能的道德问题和责任问题,如隐私保护、歧视、不公平、安全等。

第二,提供案例和反面教材。教师可以提供一些人工智能技术的案例和反面教材,让学生了解人工智能技术的优缺点和潜在风险,从而引导学生思考人工智能的道德问题和责任问题。

第三,培养批判性思维和判断力。教师可以引导学生培养批判性思维和判断力,让学生能够分析和评估人工智能的优缺点和潜在风险,从而更好地面对人工智能的道德问题和责任问题。

第四,培养团队合作和沟通能力。人工智能的开发和应用需要多个领域的专业人才合作,教师可以通过小组讨论、项目合作等方式,培养学生的团队合作和沟通能力,让学生能够更好地协作开发和应用人工智能技术。

第五,提供实践机会和社会服务。教师可以提供学生实践机会和社会服务,让学生能够亲身体验人工智能技术的应用和影响,从而更加深入地了解人工智能的道德问题和责任问题。

培养学生面对人工智能的道德意识和责任感是一个长期的过程,需要教师和学生共同努力,教师要通过多种方式和实践机会,让学生更好地理解和应对人工智能的道德问题和责任问题。

2.8.3 AGI + 智慧校园对未来教育的影响

1)AGI 对教育的影响与变革

AGI 的出现将对教育领域产生深远的影响和变革,具体表现在以下几个方面:

(1)教学方式转向个性化、智能化。AGI 可以根据学生的学习情况和特点，提供个性化的学习内容、学习计划和学习反馈，帮助学生更好地掌握知识和技能[52]。这将推动教学方式从传统的"一刀切"向个性化、智能化转变。

（2）教育资源的共享和开放。AGI 可以通过云计算、大数据等技术，推动教育资源实现共享和开放，提高教育资源的利用效率和普及率，使更多的学生享受到高质量的教育资源。

（3）教育评估的科学化。AGI 可以自动评估学生的学习成果和水平，并提供反馈和建议，帮助教师更好地了解学生的学习情况和学习特点，提高评估的科学性和客观性。

（4）教育管理的智能化。AGI 可以帮助教育管理者更好地进行数据分析和决策，提高教育管理的智能化和科学化水平。

（5）教育领域的创新和发展。AGI 的出现将促进教育领域创新和发展，例如智能教育游戏、智能教育硬件等新型教育产品的出现，将为学生提供更加丰富、多样化和趣味化的学习体验。

AGI 的出现将推动教育领域的变革和创新，促进教育向个性化、智能化和科学化方向发展，为学生提供更加优质、高效和有趣的教育体验。

2）面向未来的教育策略与准备

AGI 的出现将对未来的教育产生深远的影响和变革。面对未来，为了更好地应对 AGI 对教育带来的挑战和机遇，我们需要从以下几个方面进行准备和规划：

（1）推动教育信息化和智能化建设。未来的教育需要更加注重信息化和智能化建设，引入 AGI 等新技术，提高教育的智能化水平。我们需要加强教育信息化和智能化的基础设施建设，提高教育信息化和智能化的应用能力和水平。

（2）培养学生的创新能力和自主学习能力。未来的教育需要更加注重学生的创新能力和自主学习能力的培养，引导学生掌握自主学习的方法和技能，培养学生的创新思维和实践能力，提高学生的创造力和竞争力。

（3）加强师资队伍的培养和发展。未来的教育需要更加注重师资队伍的培养和发展，提高教师的信息化和智能化教学能力，引导教师掌握 AGI 等新技术的应用方法和技能，提高教师的教育教学水平和素质。

（4）推动教育资源的共享和开放。未来的教育需要更加注重教育资源的共享和开放,加强教育资源的整合和共享,提高教育资源的利用效率和普及率,让更多的学生享受到高质量的教育资源。

(5)推动教育体制的改革和创新。未来的教育需要更加注重教育体制的改革和创新,推动教育从传统的"一刀切"的教学模式向个性化、智能化、科学化和创新化的教学模式转变,提高教育的适应性和灵活性。

面对 AGI 技术赋能下的全新教育变革,需要加强教育信息化和智能化建设,培养学生的创新能力和自主学习能力,加强师资队伍的培养和发展,推动教育资源的共享和开放,推动教育体制的改革和创新,为未来的教育打下坚实的基础,为学生提供更加优质、高效和有趣的教育体验。

3)面向未来的教育与职业发展规划

在 AGI 的影响下,面向未来的教育和职业发展规划将会有以下几方面的变化:

(1)个性化教育。AGI 技术可以根据学生的学习情况和需求,自动调整教学内容和方式,提供更加个性化和高效的教学服务。因此,在未来,教育将更加注重个性化教育,满足每个学生的不同需求和兴趣,提高学习效果和积极性。

(2)跨学科教育。AGI 技术具有跨学科的特点。因此,在未来,教育将更加注重跨学科教育,帮助学生掌握不同领域的知识和技能,提高综合素质和创新能力。

(3)职业导向教育。AGI 技术可以根据学生的个性化需求和职业兴趣,提供相应的职业发展规划和培训服务。因此,在未来,教育将更加注重职业导向教育,帮助学生了解不同职业的特点和要求,提高职业素养和就业竞争力。

(4)职业智能化。AGI 技术可以帮助企业和个人进行职业智能化分析,了解不同职业的需求和趋势,提供相应的职业发展规划和培训服务。因此,在未来,职业发展规划将更加注重职业智能化,帮助个人了解职业的发展趋势和机会,提高职业选择的准确性和成功率。

(5)职业转型教育。AGI 技术可以帮助个人进行职业转型分析,了解不同职业的特点和要求,提供相应的职业转型培训服务。因此,在未来,教育将更加注重职业转型教育,帮助个人适应职业市场的变化和发展,提高职业转型的成功率和效果。

在 AGI 的影响下,未来的教育和职业发展规划将更加注重个性化、跨学科、职业导向、职业智能化和职业转型教育,帮助个人实现职业成功和人生价值。

2.9 智慧教育工具与平台

2.9.1 智慧教育工具的分类与功能

智慧教育工具是指利用人工智能、大数据、云计算、物联网等技术,为教育教学提供支持和服务的工具。根据其功能和应用场景,智慧教育工具可以分为以下几类:

(1)智慧学习系统。智慧学习系统是一种基于人工智能技术的个性化学习工具,可以根据学生的学习情况和特点,提供个性化的学习内容、学习计划和学习反馈。智慧学习系统可以帮助学生更好地掌握知识和技能,提高学习效果。

(2)智慧教学系统。智慧教学系统是一种基于人工智能技术的教学辅助工具,可以根据学生的学习情况和特点,提供个性化的教学内容、教学计划和教学反馈。智慧教学系统可以帮助教师更好地制订教学计划和教学策略,提高教学效果。

(3)智慧评估系统。智慧评估系统是一种基于人工智能技术的学习评估工具,可以自动评估学生的学习成果和水平,并提供反馈和建议。智慧评估系统可以帮助教师更好地了解学生的学习情况和学习特点,提高评估的科学性和客观性。

(4)智慧教育游戏。智慧教育游戏是一种基于人工智能技术的教育游戏,可以通过游戏的方式帮助学生学习知识和技能。智慧教育游戏可以提高学生的学习兴趣和参与度,增强学生的学习动力和自主学习能力。

(5)智慧教育硬件。智慧教育硬件是一种基于物联网技术的教育设备,可以通过传感器、摄像头、语音识别等技术,为教学提供更加智能化和互动化的支持和服务。智能教育硬件可以提高教学的互动性和趣味性,促进学生的参与和合作。

大多数关于人工智能(AI)工具的对话是针对商业的,但是 AI 具有改善教育系统的深厚潜力。这是教师可以使用的最有效的工具之一,这些技术不会取代教师,而是使他们能够花更多时间在学生的教育上。

AI 在教育领域快速发展,正在成为一个价值数十亿美元的全球市场。这种快速增长是由于其能够改变教学和学习过程的许多方面。AI 可以创建沉浸式虚拟学习环境,生成"智能内容",消除语言障碍,填补学习和教学之间的差距,为每个学生创建专门计划等。许多创新公司正在创建 AI 工具以实现这些结果,例如 GradeScope、Nuance 的 Dragon 语音识别等。

不同的智慧教育工具具有不同的功能,主要的功能包括以下几个方面:

(1) 个性化学习。智慧教育工具可以根据学生的学习情况和特点,提供个性化的学习内容、学习计划和学习反馈,帮助学生更好地掌握知识和技能。

(2) 教学辅助。智慧教育工具可以为教师提供教学辅助工具,例如帮助教师更好地制订教学计划和教学策略,提高教学效果。

(3) 自动评估。智慧教育工具可以自动评估学生的学习成果和水平,并提供反馈和建议,帮助教师更好地了解学生的学习情况和学习特点,提高评估的科学性和客观性。

(4) 学习游戏化。智慧教育工具可以通过游戏化的方式帮助学生学习知识和技能,提高学生的学习兴趣和参与度,增强学生的学习动力和自主学习能力。

(5) 互动性和趣味性。智慧教育工具可以提高教学的互动性和趣味性,例如智慧教育硬件可以通过传感器、摄像头、语音识别等技术,为教学提供更加智慧化和互动化的支持和服务,促进学生的参与和合作。

总之,智慧教育工具的功能主要是为教育教学提供更加个性化、科学化、互动化和趣味化的支持和服务,帮助学生更好地学习,帮助教师更好地教学。

2.9.2　学习管理系统的作用与特点

LMS 是 Learning Management System 的缩写,即学习管理系统。简单地说,可以把 LMS 理解为一个平台,该平台允许用户创建、管理、交付和跟踪在线学习。它本质上是一个数字化的学习环境,用来管理学习过程的所有方面。在 LMS 中，可以传达使用者的学习目标，组织学习进度和日程，告诉学习者在什么时候需要学习什么。这其中涉及 LMS 的两大关键角色：教师和学生。

从教师的角度来看，LMS 是一个线上平台，可以在这个平台上创建和管理学习内容，并将这些内容在线传递给学习者，评估学员并提供反馈，跟踪他们的进展，改善沟通。

从学习者的角度来看，LMS 允许他们访问和完成课程、培训或在线学习；通过使用电脑或移动端等各种设备访问平台，可以在线提交作业和获得反馈；可以跟踪自己的学习进度，并与教师和同伴交流。

LMS 的优势如下：

一是在线提供内容和指导。LMS 为学习者提供一个集中化的平台，在那里他们可以找到与课程或培训相关的任何资源或内容。最重要的是，只要有互联网连接，他们就可以随时随地访问学习资源和内容。

二是 LMS 能够在教师和学习者之间建立流线型的沟通。学习者在线完成并提交作业，然后教师可以在线批改这些作业，并提供反馈。LMS 具备允许使用者快速并不受物理限制地获取课程作业的能力和及时高质量反馈的能力。大多数 LMS 会为教师提供有效的工具，使他们可以在平台内对作业进行评分，从而使教师的工作更轻松。这一功能大大减少了传统教学中所需的纸质材料，提升了学习效率。

三是 LMS 允许在平台内记录和跟踪学习者的进度，以便教师、学生或其他相关人员（家长、领导等）可以随时访问它，帮助每个人保存更多的信息和最新信息。LMS 允许改进沟通和协作，无论是通过公告、直接消息、论坛还是其他功能；允许教师和学习者在线交流。有些 LMS 还有提供激励和奖励的能力。例如，学习者在完成某些任务后可以获得徽章等。

四是有助于培训机构、学校或企业降低成本。LMS 使学习可以在教室或培训室之外进行，这就给了用户更大的灵活性，因为他们可以随时随地在线访问课程内容和资源。所有这些都有助于降低成本，节省印刷材料，减少差旅需求，从而减少了一系列后勤工作，大大提高了效率，降低了运营成本。

LMS 的主要特点有：

（1）灵活性。LMS 可以根据不同的教育需求和学习目标进行定制和配置，满足不同用户的需求。

（2）可扩展性。LMS 可以扩展到多个学科领域和教育层次，支持不同类型的课程和教学模式。

（3）可视化。LMS 可以提供直观的学习数据和报告，帮助教育者和学习者更好地了解学习进度和成果。

（4）安全性。LMS 可以提供安全的学习环境和数据保护机制，保护学生和教育机构的隐私和安全。

2.9.3 智慧辅助教学系统的应用与优势

基于人工智能建立的辅助教学系统，其本质也是智慧辅助教学系统。这一概念在 1982 年被首次提出，是从计算机辅助教学延伸发展而来的。在智慧教学系统这一概念中，教师的角色被具有一定程度智能化水准的计算机取代，改由计算机系统为学习者提供附带指导作用的知识，因此系统本身具有一定的适应性[53]。

辅助教学系统虽然同样是将计算机作为教学载体来开展一系列教学工作，但强化了各方面辅助性作用，更强调交互性、个别化、多样化、广域适用性等方面。

而且相较原有的教学方式，这一系统有效实现了对图片、文字、声音、视频等多种教学信息的有效糅合，在确保各类载体充分发挥其优势的同时，也借助多样化的表现形式，使学习者的多个感官在同一时间接收到表达相同内容的信息，这对提升学习者的理解能力，帮助学习者获得个别化自适应学习方式显然有非常大的助益。

基于人工智能的辅助教学系统在现实中的应用主要有以下几方面：

（1）智慧仿真教学系统。实验教学是远程教学必不可少的环节和重要组成部分，同时也是构成整个辅助教学系统的核心环节之一。由于辅助教学系统是基于人工智能创造出的，因此同源诞生的智慧仿真教学系统同样有着非常显著的应用优势。

在实现人工智能和仿真技术的高度集成之后，智慧仿真教学系统能够在一定程度上帮助专家设计内容繁杂的实验，替代专家完成工作量大且重复性高的建模，打破了原本以建模和仿真模型为主导的传统教学策略的局限性。

对于仿真相关内容,智慧仿真教学系统还能以预设好的角度以及系统自身由大量重复学习发展而来的经验进行理解与评价,人工智能强大的机械学习能力也能在此时派上用场。

在借助智慧仿真教学系统对实验教学课件进行深层次开发与挖掘之后,原本用于这方面工作的大量人力、物力及时间资源被充分节约下来,并用于攻克其他辅助教学系统的应用难关。因此,智慧仿真系统能帮助学校、教师及学生获得更多的教育收益,其所表现出的学习效率也会呈现出飞跃性的增长。

(2)智慧辅助教学系统。辅助教学系统旨在为学生创造出更方便、更高效,同时也更和谐的学习环境。学生通过使用该系统,能够在出现实际学习需求的第一时间,充分调配各项对自身学习活动有帮助的资源。这也就意味着这部分资源无论是在内容、数量还是检索形式上,都应当已经得到了全方位、多角度、深层次的优化与调整,从而能够帮助学生获得更加理想的学习效果。

智慧辅助教学系统工作的中心,是通过系统自身具备的人工智能技术创建教师、学生及教学管理三方面主体内容,并为学生量身打造出更加有效、更具有针对性的教学策略。制订的教学策略能够在系统本身各项功能的支持下,以更加完备且全面的方式加以执行,学生也能够从这一过程中获得效率更高、个性化水准更强的教学服务。

结合当下智慧辅助教学系统的最新发展方向来看,其阶段性发展目标呈现出将互联网作为根基、以分布式策略展开教学活动的特性。这意味着只要是互联网实现有效覆盖的区域,智慧辅助教学系统就能够保证学生拥有共同的学习、交流、讨论的环境。这将原本网络远程教学突破时间空间的优势作了进一步发挥,网络资源的价值也在这一过程中得到充分利用。而学生则在彼此进行深度交流的过程中获得了学习积极性的强化,不同学生之间的不同观点与认知不仅丰富了学生们的知识面,还刺激着学生们主观能动性和创造力的增长。在学生智力发育水平、认知能力能承受的情况下,这种局面为学生带来的学习收益将非常接近指数型的增长状态。

(3)智慧决策支持系统。在教育教学领域的主流发展状态中,智慧决策支持系统正逐渐因其更强大的性能及更全面的功能,演化为决策支持系统未来发展的主流方向。这种趋势的出现，源于人工智能与决策支持系统的深度融合。以人工智能为基础创造出的决策支持系统，具备高度智能化的特征，能够在很大程度上突破原有的局限。

无论是对决策问题的描述性知识加以辨析，还是结合各方面知识辨明决策中的过程性知识，拥有高度智能化水准的决策支持系统均能够依靠已经掌握的逻辑推理形式，以从局部到整体、从分支到主干的方式对高度复杂的决策问题进行详细分析，并最终提供切实解决方案。

为了确保智慧决策支持系统具备这样的功能，其组成部分需要囊括容纳各类型数据的数据库、提供完备解决方法的方法库、用于比较研究的模型库、有效集合以上几种不同类型内容的智慧部件以及用于人际交流的人机接口等。这些组成部分共同构成了一个高度智能化的决策支持系统，能够为远程教育教学工作中的众多实际内容及现实问题提供决策支持。

2.10 智慧校园管理

2.10.1 智慧校园管理系统的概述

智慧校园管理系统是一种基于信息技术和物联网技术的校园管理平台，它可以帮助学校更有效地管理校园资源、提高教学质量、提升学生服务水平。智慧校园管理系统通常有很多模块，包括教务管理、学生管理、教学管理、资源管理、学生服务。其中，教务管理包括学生信息管理、教师信息管理、课程管理、考试管理等。学生管理包括学生档案管理、学籍管理、学生评价管理、学生活动管理等。教学管理包括教学进度管理、作业管理、课堂管理、教学评估等。资源管理包括教学资源管理、图书馆管理、实验室管理、设备管理等。学生服务包括学生就业服务、学生心理健康服务、学生社团管理、学生活动管理等。

智慧校园管理系统的主要特点包括：

（1）集成化。智慧校园管理系统可以集成多个功能模块，实现信息共享和业务协同。

（2）自动化。智慧校园管理系统可以实现自动化管理，提高工作效率和质量。

（3）数据化。智慧校园管理系统可以收集和分析各种数据，为决策提供依据。

（4）移动化。智慧校园管理系统可以支持移动终端访问，方便教师和学生随时随地进行管理和学习。

2.10.2　校园安全与监控系统

校园安全与监控系统是一种基于视频监控、物联网、云计算等技术的安全管理系统，它可以对学校内部和周边区域进行全天候、全方位的监控和管理，保障校园安全和学生生命财产安全。校园安全与监控系统通常包括视频监控、门禁管理、报警管理、安全巡检、数据分析。视频监控包括校园内部和周边区域的视频监控、视频录制和回放等功能。门禁管理包括门禁卡管理、门禁记录查询、门禁报警等功能。报警管理包括火灾报警、紧急报警、安防报警等功能。安全巡检包括巡检计划制订、巡检任务分配、巡检记录管理等功能。数据分析包括安全事件分析、安全数据报表生成等功能。

校园安全与监控系统的主要特点有：

（1）实时性。校园安全与监控系统可以实现实时监控和报警，及时发现和处理安全事件。

（2）可视化。校园安全与监控系统可以提供可视化的监控画面和报警信息，方便管理人员进行管理和决策。

（3）高效性。校园安全与监控系统可以自动化运行，提高工作效率和质量。

（4）数据化。校园安全与监控系统可以收集和分析各种数据，为决策提供依据。

（5）移动化。校园安全与监控系统可以支持移动终端访问，方便管理人员随时随地进行管理和监控。

思考实践

走访身边的智慧校园或在网络上查找智慧校园的案例，指出其数据采集方式和优势，并尝试画出其总体架构。

第 *3* 章
物联网关键技术

控制论创始人维纳在他的著作《人有人的作用》中讲述了人类智能的局限性及机器智能的优越性,认为若能将两者结合起来,可以实现更加完美的智能。他指出,人类智能的局限性使得我们无法完全理解和控制自然界,而机器智能则可以弥补这一缺陷。物联网恰恰可以通过信息传感器、射频识别技术、全球定位系统、红外感应器、激光扫描器等各种装置与技术,实时采集任何需要监控、连接、互动的物体或过程[54],采集声、光、热、电、力等各种需要的数据,达到人类智能和机器智能的协作,实现更加完美的智能。

3.1 物联网感知技术

物联网是指通过智能感知设备将各种物理实体与互联网连接起来,形成一个庞大的、智能化的网络,实现信息的自动化采集、传输、处理和应用。感知技术是物联网的重要组成部分,其作用是实现对物理世界的感知和信息采集。

从身上穿戴的电子设备到家中的智能家居;从农田上的物联网设备到天边的遥感卫星;从工业、农业到整个城市的智能运作,都离不开物联网感知技术。表 3-1 是一些应用在实际生活中的物联网感知设备的特点。

表 3-1　生活中常见的物联网感知技术

	信息量	R/W	编码标准	标识成本	识读成本	优点	缺点
一维条码	小	R	有	低	低	廉价可靠	信息量小
二维条码	较小	R	有	较低	较高	信息量有提高,标识成本较低	信息量较小,近距识读,识读率不高,设备成本高
磁条/卡	较小	R/W	自定义	较低	较低	廉价可靠,可读写	信息量较小,近距识读,保密性一般
接触IC卡	大	R/W	自定义	中	中	成本适中,安全可靠	接触识读
射频签/卡	大	R/W	有	较低	中	成本适中,非接触识读,信息量大,读写速度快	远距识读,成本高,识读率一般
指纹识别	—	R	—	—	高	人体生物识别	成本高,识读率一般
车牌识别	—	R	—	—	高	车牌图像识别	成本高,识读率一般

生活中物联网设备的使用令人应接不暇,下面详细介绍一些常见的物联网感知技术。

3.1.1　RFID 技术

RFID(radio frequency identification)技术是一种无线自动识别技术,通过电磁场的作用实现对物品的识别和追踪。在物联网中,RFID 技术被广泛应用于物品的管理、跟踪、溯源等方面。

根据不同的无线通信工作频率,RFID 可以分为以下几种类型,如表 3-2 所示。

表 3-2　物联网 RFID

	工作频率	特征	应用
低频 RFID	一般为 125 KHz	标签存储容量较小,通常只有几十个字节	该技术应用于物品追踪和访问控制等场景,如门禁卡和宠物定位器

续　表

	工作频率	特征	应用
高频 RFID	一般为 13.56 MHz	标签存储容量较大，可达到数十 KB 或更高	该技术应用于近距离物品识别和支付等场景，如公交卡和身份证
超高频 RFID	一般为 860～960 MHz	标签识别距离远，可达到数米甚至十米以上	该技术应用于物流追踪和库存管理等场景，如物流标签和仓库管理
超高频波段外 RFID	一般为 2.4～5.8 GHz	标签识别距离较远，可达到数十米或更远	该技术应用于长距离物品追踪和无人机等场景，如汽车追踪和智能农业

　　根据工作方式，可以将 RFID 划分为主动式和被动式两种类型。两者的差异如表 3-3 所示。

表 3-3　主动式 RFID 与被动式 RFID

类型	主动式 RFID 系统（有源式 RFID）	被动式 RFID 系统
工作原理	标签主动向读写器发送信号	利用读写器发射的射频信号，使标签内部的天线产生感应电流，从而激活标签，并发送相应的信息
电源供电方式	独立电源	读写器的电磁场
通信距离	较远	较短
价格	相对较高	相对较低
能耗	较高	较低
制造成本	相对较高	相对较低
电池更换需求	需要定期更换电池	不需要定期更换电池
应用领域	物流追踪、运输安全、人员定位等	各种物品追踪、库存管理、门禁控制等

　　每种 RFID 技术在不同的场景中都有不同的应用，具有不同的特点和优势。通过选择合适的 RFID 技术，可以实现物品的高效追踪和管理，提高生产和物流效率，降低人工成本。

　　校园卡系统就是 RFID 技术的一种典型应用。校园卡是智慧校园中必不可少的一部分，校园卡中的 RFID 技术主要用于学生身份识别、消费支付、门禁控制等方面。

在校园卡系统中，RFID 标签通常被嵌入学生的校园卡中。标签可以是被动式的，也可以是半主动式或主动式的。被动式标签不需要电池，只有在接收到读写器发来的信号时才会被激活并发送自己的信息。半主动式和主动式标签则需要电池供电，可以主动发送信息。

读写器是校园卡系统中 RFID 技术的关键部分，用于读取标签中的信息。校园卡系统中的读写器通常是固定在门禁、自助餐厅、打印机等设备上的，以便快速读取学生卡中的信息。

RFID 技术在校园卡系统中使用时，需要注意数据的传输与安全。一些校园卡系统使用的是公共标准的 RFID 技术，如 ISO/IEC 14443 和 ISO/IEC 15693 等。这些标准定义了标签和读写器之间的通信协议，确保数据的传输和安全。

校园卡系统中 RFID 技术的应用场景包括学生身份识别、门禁控制、自助餐厅消费支付、打印机使用等。通过 RFID 技术，学校可以方便地管理学生的信息，并对校园内的设备进行有效的控制。

3.1.2　传感器技术

传感器技术是一种将物理量转换为电信号的技术，可以感知环境中的温度、湿度、气压、光强等信息。在物联网中，传感器技术被广泛应用于环境监测、智能家居、智慧城市等领域。物联网中的传感器是连接实物世界和数字世界的重要载体，通过感知现实世界的各种物理量和参数，将这些信息转化为数字信号并传输到云端进行数据分析和应用。下面是物联网中常见的几种传感器及其工作原理和应用场景。

1）温度传感器

温度传感器是一种广泛应用于物联网中的传感器，可以测量物体的温度。温度传感器的工作原理是利用了温度对电阻、电容、电压等参数的影响，将温度转化为电信号输出。温度传感器广泛应用于室

图 3-1　温湿度传感器

内温度监测、工业生产过程控制等领域。图3-1为一款温湿度结合传感器。

2）光照传感器

光照传感器是一种测量光照强度的传感器，广泛应用于智能家居、自动化控制等领域。光照传感器的工作原理是利用光电效应将光信号转化为电信号输出。光照传感器可以实现灯光自动控制、智能窗帘等功能（见图3-2）。

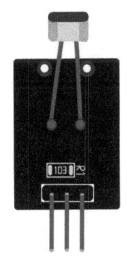

图3-2 光照传感器

3）气体传感器

气体传感器可以测量空气中各种气体的浓度和成分，包括二氧化碳、甲醛、可燃气体等。气体传感器的工作原理是利用化学反应将气体浓度转化为电信号输出。气体传感器广泛应用于室内空气质量检测、工业安全生产等领域。图3-3是一款利用气体传感器工作原理制作的烟雾传感器。

图3-3 烟雾传感器

4）加速度传感器

加速度传感器是一种测量加速度的传感器，可以测量物体的运动状态。加速度传感器的工作原理是利用惯性将加速度转化为电信号输出。加速度传感器广泛应用于智慧手环、智能手表等移动设备中，实现运动监测、步数统计等功能。图3-4为一款利用加速度传感器工作原理制作的运动传感器。

5）声音传感器

声音传感器是一种测量声音强度和频率的传感器，广泛应用于智能家居、智能安防等领域。声音传感器的工作原理是利用声音振动将声音信号转化为电信号输出。声音传感器可以实现声音识别、声音控制等功能。图3-5为一款利用声音传感器工作原理制作的声波识别器。

图 3-4 运动传感器

图 3-5 声波识别器

6）雷达传感器

雷达传感器是一种使用电磁波来探测周围环境并获取相关信息的传感器。雷达传感器可用于许多领域，例如军事、航空航天、气象、交通、导航和测绘等。它通过向周围发射电磁波，然后接收反射回来的信号来实现探测周围环境的目的（见图 3-6）。

图 3-6 雷达天线

雷达传感器可以被分为两种类型：主动雷达和被动雷达。主动雷达是指雷达发射器发射电磁波并通过接收反射回来的信号来探测目标。被动雷达是指使用外部电磁波源来探测目标。主动雷达系统是由发射机和接收机组成的，可以发射一定频率和功率的电磁波。雷达接收器接收反射波并将其转换为电信号进行处理，从而计算出目标的距离、速度和方位等信息。主动雷达有着许多优点，例如：在目标远离雷达时，它仍然可以检测到目标；它可以通过改变频率来避免受到干扰源的影响；它可以在多目标环境下实现目标的区分等。主动雷达的应用非常广泛，例如：雷达测速仪、航空导航雷达、反导拦截雷达等。被动雷达系统不需要自己发射电磁波，而是通过接收周围环境中的电磁波来探测目标。被动雷达可以分为 EMI（电磁干扰）雷达和 GPS（全球定位系统）雷达。EMI 雷达利用发射源产生的电磁波干扰进行目标探测。GPS 雷达则利用卫星上的信号来计算目标的位置。被动雷达的优点是可以避免被侦测到，其应用范围主要在军事领域中。

7）心率传感器

心率传感器主要用于测量人体心率，可以通过血流的脉冲波信号来检测心脏的跳动情况，通常采用非侵入式或半侵入式方式。这种传感器可以帮助人们监测自己的健康状况，尤其是在运动时。目前，市场上的心率传感器有多种类型，包括胸带式心率传感器、手环式心率传感器、耳机式心率传感器等。其中，胸带式心率传感器是最为常见的一种，主要由一个固定的心率传感器和一个可以绑在胸前的带子组成，通过心率传感器采集到的信号数据可以传输到智能手机、手表等设备上进行分析和显示。与传统的心率计相比，心率传感器不但可以实现实时心率监测，而且具有精度更高和更为便携的特点，可以更好地满足人们日常健康管理的需求。此外，在运动场景下，心率传感器还可以与智能手表等设备配合使用，实现运动量、运动强度、热量消耗等数据的监测和记录，帮助人们更好地掌握自己的健康状况和运动效果。总的来说，心率传感器作为一种重要的健康监测设备，在物联网时代将会得到更广泛的应用，同时也会逐渐成为人们健康生活的必备工具之一。

物联网中的传感器种类繁多，可以满足各种不同的应用需求。通过在学生佩戴的手环上搭载各种小型轻量化的传感器，可以感知物理世界的各种参数和状态，实现对学生信息的及时记录。学生佩戴的手环集成了多种传感器，例如 GPS、心率、加速度计等。GPS 传感器可以实现学生的定位和跟踪，保障学生的安全；心率传感器可以对学生的身体状况进行实时监测，学校可由此收集学生的心率数据，并对数据进行分析，了解学生的身体状况；手环中还可以集成温度传感器、湿度传感器等多种传感器，实现对学生的环境数据的监测和控制；加速度计传感器可以对学生的运动情况进行监测。学校可以通过手环中的加速度计传感器收集学生的运动数据，并分析学生的运动习惯和身体状况，为学生提供科学的运动指导和健康管理服务。

手环集成的多种传感器，可以为智慧校园提供多种服务。通过对传感器数据的监测和分析，学校可以实现对学生的实时监控和精细化管理，为学生提供更好的教育和健康服务。

3.1.3　机器视觉技术

机器视觉技术是一种将图像转换为数字信号并进行处理的技术,可以实现对物体的识别、跟踪和分析。在物联网中,机器视觉技术被广泛应用于智能安防、智慧物流、智慧农业等领域。

1) 指纹识别

指纹识别是一种基于生物特征的身份验证技术(见图 3-7)。它利用机器视觉技术对指纹进行特征提取和匹配,实现对个体身份的识别。指纹识别系统一般由指纹采集设备、特征提取算法和匹配算法组成。在采集指纹后,特征提取算法会对指纹进行处理,提取出关键特征点,然后将这些特征点转换成数字化信息存储起来。当用户再次使用指纹识别系统时,匹配算法会将采集到的指纹特征点与之前存储的指纹特征点进行比对,从而判断用户的身份是否匹配。

图 3-7　指纹识别

指纹识别技术有很多优点,如精度高、易于使用、成本低等。它已广泛应用于各种场景,如智能手机、门禁控制、银行卡、身份证等。然而,指纹识别技术也存在一些问题,如指纹模板易被盗用、指纹质量影响识别率等。因此,在使用指纹识别技术时,需要注意保护用户隐私和安全。

2）面容识别

面容识别是一种利用机器视觉技术对人脸进行特征提取和匹配,实现对个体身份的识别的技术。面容识别系统一般由摄像头、特征提取算法和匹配算法组成。在采集人脸图像后,特征提取算法会先对人脸进行处理,提取出关键特征点,然后将这些特征点转换成数字化信息存储起来。当用户再次使用面容识别系统时,匹配算法会将采集到的人脸特征点与之前存储的人脸特征点进行比对,从而判断用户的身份是否匹配。面容识别技术有很多优点,如非接触式、无需记忆密码、高精度等。它已广泛应用于各种场景,如智能手机、门禁控制、支付系统等。

指纹识别、面容识别与感知技术是构建物联网的基础,其重要性不言而喻。通过感知技术采集到的数据,可以实现对环境、设备、人员等各个方面的全面监测和控制,为智慧校园的建设提供了有力的支持。

在智慧校园中,面容识别技术可以为校园管理和服务提供以下支持:

第一,考勤管理。利用面容识别技术,可以对学生和教职工的考勤进行自动化管理,提高考勤效率和准确度。学生在进入校门时,系统可以自动识别学生的面容信息,然后与学生的信息库进行比对,自动完成考勤记录,同时也可以防止学生代签或刷卡等不规范考勤行为。

第二,门禁管理。在校园内的各个区域设置门禁设备,利用面容识别技术对进出校园的人员进行识别和管理。当学生和教职工进入校园时,系统可以自动识别其面容信息,对其身份进行认证,并根据不同身份的权限控制对其开放或关闭门禁设备。

第三,安全管理。面容识别技术还可以应用于校园安全管理。例如,对于学校校门、宿舍区、食堂等重要区域,可以设置摄像头进行实时监控,并利用面容识别技术对出现在监控画面中的人员进行识别和监管,避免不法分子进入校园进行破坏和侵犯。

第四,校园服务。利用面容识别技术,可以为学生和教职工提供更加智能化和个性化的校园服务。例如,根据学生的面容信息,系统可以推送个性化的课程表、教师信息和学术资讯等信息,帮助学生更好地了解校园动态和资源。

尽管面容识别技术可以为智慧校园带来很多便利,但其一些潜在的安全隐患也不容忽视,如可能会有人恶意盗用他人的面容信息,进行非法进出校园等活动。因此,在应用面容识别技术时,需要建立完善的信息安全管理机制,确保学生和教职工的面容信息不被泄露和滥用。

3.1.4 数字音频技术

在传统媒体行业中,数字音频技术主要是指利用数字化手段对节目声音进行录制的技术。伴随着我国数字传媒技术的发展,数字音频技术也在发生变化,由传统简单的数字化记录,转变为对声音数据序列进行采样,并编制编码储存为音频格式。这种处理模式将声音保存为二进制数据,在需要时将这些数据进行转化,以模拟信号的形式进行播放。这种全新的数字处理技术在声音储存和播放方面,与传统广播电视有着本质上的差异。数字音频技术在提取和播放上更加简单,在播放效果方面,经过处理的音频更加真实,可为听众还原更加真实的录制现场。同时,随着广播电视行业对数字音频技术的大范围应用,各大电视台和广播电台开始利用数字音频技术进行信号转换,进一步提升节目录制和播放的效果[55]。

数字音频技术在智慧校园建设中扮演着重要的角色,下面我们以西安某学院 2015 年第十届春季校园运动会开幕式为例来探讨其应用策略。

数字音频技术在智慧校园建设中关键的一步是数字音频文件的制作,包括音频的采集、编辑、合并和降噪等处理,以确保音效的高质量。音频资源一般是通过网络资源、专业 CD 光盘或是数字音频工作站获取的。

此外,在智慧校园建设中,数字音频技术的应用也体现在扩声系统的设计上。用户不仅需要设计不同的扩音系统以满足不同场地和活动类型的声音需求,也需要策划、保证音源、信号拾取、信号输出设备合理配置,这种技术有助于提升声音的覆盖范围和清晰度,进而提升校园文化演出的品质。该校在本次运动会开幕式中集成使用了 SOUNFCRAFT GBS 32 路调音台、JBL SRX725(1200W) 全频音响、SONY JE - 480MD、PIONEER DVD、JBL SRX712M、JBL MP225 等音频设备组成的扩音系统。

同样,数字音频技术也在音响系统的调试中发挥了关键作用,保证了活动扩音效果。通过电源供应、信号调整、均衡器和压限器等方面的调整,数字音频技术可以确保音响效果处于良好状态,同时保护音响设备免于过载和失真的风险。效果器在调整时配合人声,选定一个合适的混响效果和混响时间,根据现场需要,在语音扩音时给予适当效果,从而保证语音的丰满度。

除了以上案例,数字音频技术也在其他智慧校园的建设中发挥了举足轻重的作用,为提高校园文化演出的音效质量做出了积极的贡献。

3.1.5 物联网定位系统

随着物联网技术的不断发展,定位系统已经成为其中不可或缺的一部分。物联网定位系统主要分为全球定位和局部定位两种类型。下面将对这两类定位系统进行介绍,并介绍一些技术和算法。

3.1.5.1 卫星定位系统

1)北斗卫星导航系统(BDS)

北斗卫星导航系统是中国的卫星导航系统。它由两个独立的卫星星座组成。第一个北斗系统的正式名称是北斗卫星导航试验系统,也称为北斗一号[56],由3颗卫星组成,从2000年开始,主要为中国和中国周边地区的用户提供有限的覆盖和导航服务。北斗一号于2012年底退役。第二代系统的正式名称为北斗卫星导航系统(BDS),也称为北斗二号(COMPASS 或 BeiDou-2),于2011年12月投入使用,部分星座为10颗卫星在轨运行。北斗二号一直为亚太地区的客户提供服务。在该区域内,北斗比GPS更准确[57]。

2009年,中国开始建设覆盖全球的第三代北斗系统(北斗三号)。2018年,北斗卫星导航系统开始提供全球服务。2020年6月23日,北斗三号第35颗、也是最后一颗卫星发射入轨,标志着北斗家族第55颗卫星发射升空。北斗导航卫星系统的第三代产品实现了授时和导航的全球全覆盖,可替代俄罗斯的格洛纳斯、欧洲的伽利略定位系统和美国的全球定位系统。

2)全球定位系统(GPS)

全球定位系统(GPS)是目前较常用的一种全球定位技术。它由美国国防部研制开发,并于1983年正式投入使用,1993年开放给民间使用。GPS系统由三部分组成:卫星星座、地面控制系统和用户设备。其中,卫星星座是GPS系统的核心部分,由24颗工作卫星组成,分布在6个轨道平面上。这些卫星会不断地向地球发射信号,接收器接收到的信号经过计算后可以得到接收器所在的地理位置信息。

GPS 的定位精度非常高,可以达到几米甚至几厘米级别。但是,由于 GPS 只能提供三维坐标信息,在某些情况下需要进行多基站定位或者通过差分 GPS 等技术来提高定位精度。此外,GPS 信号的穿透能力较弱,因此在室内或者地下等信号覆盖较差的地方无法使用。

3) 格洛纳斯(GLONASS)

格洛纳斯是苏联/俄罗斯研制的全球导航卫星系统,为军事部门和民用用户提供实时位置和速度测定。卫星位于高度为 19 100 千米的中圆轨道,倾角为 64.8°,运行周期为 11 小时 15 分钟。格洛纳斯提供了全球定位系统(GPS)的替代方案,是第二个具有全球覆盖范围和相当精度的运行导航系统。其轨道使其特别适合在高纬度地区(北方或南方)使用,因为在这些地方获取 GPS 信号可能会出现问题。

该卫星系统在三个轨道平面上运行,每个轨道平面上有 8 颗均匀分布的卫星。覆盖全球的全面运行星座由 24 颗卫星组成,而覆盖俄罗斯领土则需要 18 颗卫星。为了获得定位,接收器必须位于至少 4 颗卫星的范围内。

4) 伽利略(GALILEO)

伽利略全球导航卫星系统于 2016 年上线,由欧盟通过欧洲航天局(ESA)创建,欧盟空间计划署(EUSPA)运营。EUSPA 总部位于捷克布拉格,在意大利富奇诺和德国普法芬霍芬设有两个地面运营中心。这个耗资 100 亿欧元的项目,以意大利天文学家伽利略·伽利莱(Galileo Galilei)的名字命名。伽利略的目标之一是提供独立的高精度定位系统,以便欧洲不必依赖美国 GPS 或俄罗斯 GLONASS 系统。伽利略系统的基本(低精度)服务免费向所有人开放,而高精度的服务需要政府授权使用。伽利略旨在提供 1 米精度以内的水平和垂直位置测量。伽利略还将提供新的全球搜索和救援(SAR)功能,作为 EOSAR 系统的一部分。

第一颗伽利略测试卫星 GIOVE-A 于 2005 年 12 月 28 日发射,而第一颗成为操作系统一部分的卫星于 2011 年 10 月 21 日发射。到 2018 年 7 月,计划的 30 颗活跃卫星中的 26 颗已发射在轨道上[58]。伽利略于 2016 年 12 月 15 日开始提供早期运行能力,提供微弱信号的初始服务[59]。截至 2023 年 5 月,已有 23 颗发射卫星在该星座运行。

3.1.5.2 室内定位系统

室内定位系统是只对某一个小范围内的物体进行定位的技术。常见的室内定位系统包括蓝牙定位、Wi-Fi 定位、Zigbee 定位等。这些技术都是基于无线传感器网络(WSN)实现的。

1) 蓝牙定位

蓝牙定位(见图 3-8)是一种基于蓝牙技术的定位方法，它利用蓝牙设备广播自己的位置信息的特点来实现定位。在蓝牙定位中，需要先建立一个蓝牙信标网络，然后在待定位设备上开启蓝牙功能，搜索附近的蓝牙设备。当两个设备距离较近时，它们之间可以进行数据传输，从而获取对方的位置信息。蓝牙定位的精度较高，可以达到几十米以内。

图 3-8　蓝牙技术的标识

2) Wi-Fi 定位

Wi-Fi 定位(见图 3-9)是一种基于 Wi-Fi 技术的定位方法，它利用了 Wi-Fi 设备可以感知周围无线信号强度变化的特点来实现定位。在 Wi-Fi 定位中，需要先建立一个 Wi-Fi 接入点网络，然后在待定位设备上开启 Wi-Fi 功能，搜索附近的 Wi-Fi 接入点。当两个设备距离较近时，它们之间可以进行数据传输，从而获取对方的位置信息。Wi-Fi 定位的精度较高，可以达到几十米以内。

图 3-9　Wi-Fi 联盟的标识

图 3-10　Zigbee 的标志

3) Zigbee 定位

Zigbee 定位(见图 3-10)是一种基于 Zigbee 技术的定位方法,它利用 Zigbee 设备可以通过电磁波进行通信的特点来实现定位。在 Zigbee 定位中,需要先建立一个 Zigbee 网络,然后在待定位设备上开启 Zigbee 功能,搜索附近的 Zigbee 设备。当两个设备距离较近时,它们之间可以进行数据传输,从而获取对方的位置信息。Zigbee 定位的精度较低,一般在数米以内。

3.2　物联网通信技术

物联网中的通信技术是构成物联网的重要组成部分,它是物联网设备之间相互传递数据的基础。

3.2.1　物联网无线通信技术

3.2.1.1　蜂窝网络技术

蜂窝网络是无线通信技术的一种,其工作原理是将通信区域划分为许多小的区域,每个小区域由一个基站来提供服务。蜂窝网络技术包括 1G、2G、3G、4G、5G 和 6G 等多种技术,其中 4G 和 5G 是目前物联网应用较为广泛的技术。

第一代移动通信技术,简称 1G(The first generation of mobile phone mobile communication technology standards),为模拟式移动电话系统,自 1979 年开始发展使用,直至被 2G 数字通信取代。

1G 及 2G 最主要的区别在于,1G 使用模拟调制,而 2G 则是数字调制。虽然两者都是利用数字信号与发射基站连接,不过 2G 系统语音采用数位调制,而 1G 系统则将语音调制在更高频率上,一般在 150 MHz 或以上。这时期的通话方式都是蜂窝电话标准,使用模拟调制、频分多址(FDMA),且仅限语音发送[60]。

中国从 1987 年开始运营 1G,使用的是 TACS 制式,1999 年 1G 在中国电信分割出中国移动后转由中国移动运营,2001 年 1G 退网。

第二代移动通信技术,简称 2G(The second generation of mobile phone mobile communication technology standards)。相对于前一代直接以模拟信号的方式进行语音传输,2G 移动通信系统以数字化方式传输语音,除具有通话功能外,某些 2G 系统引入了短信(SMS, short message service)功能。在某些 2G 系统中也支持资料传输与传真,但因为速度缓慢,只适合传输量低的电子邮件、软件等信息。直到 3G 出来取代 2G。

2G 技术基本上可依照采用的多路复用(Multiplexing)技术形式分成两类:一种是基于 TDMA 所发展出来的系统,以 GSM 为代表;另一种则是基于 CDMA 所发展出来的系统。

第三代移动通信技术,简称 3G(The third generation of mobile phone mobile communication technology standards),规范名称 IMT - 2000(International Mobile Telecommunications-2000),是指支持高速数据传输的蜂窝网络移动电话技术。3G 服务能够同时发送语音(通话)及信息(电子邮件、即时通信等)。3G 的代表特征是提供高速数据业务,速率一般在几百 kbps 以上,自从 4G 出来后 3G 逐渐被淘汰。

3G 是将无线通信与国际互联网等多媒体通信结合的新一代移动通信系统。能够处理图像、音乐、视讯形式,提供网页浏览、电话会议、电子商务信息服务。无线网络必须能够支持不同的数据传输速度,也就是说在室内、室外和行车的环境中能够分别支持至少 2 Mbps、384 kbps 以及 144kbps 的传输速度。由于采用了更高的频带和更先进的无线(空中接口)接入技术,3G 标准的流动通信网络通信质量较 2G、2.5G 网络有了很大提高,比如软切换技术使得旅途中高速运动的移动用户在驶出一个无线小区并进入另一个无线小区时不再出现掉话现象[61]。而更高的频带范围和用户分级规则使得单位区域内的网络容量大大提高,同时通话允许量大大增加。

第四代移动通信技术,简称 4G(The fourth generation of mobile phone mobile communication technology standards),是 3G 之后的延伸。

从技术标准的角度看,按照 ITU 的定义,静态数据传输速率达到 1Gbps,用户在高速移动状态下的数据传输速率可以达到 100 Mbps,就可以作为 4G 的技术之一。从用户需求的角度看,4G 能为用户提供更快的数据传输速度并满足用户更多的需求。移动通信之所以从模拟到数字、从 2G 到 4G 以及将来的 xG 演进，最根本的推动力是用户需求由无线语音服务向无线多媒体服务转变，从而推动营运商为了提高 ARPU、开拓新的频段支持用户数量的持续增长、获得更有效的频谱利用率以及更低的营运成本，不得不进行变革转型[62]。

第五代移动通信技术，简称 5G(The fifth generation mobile networks 或 5th generation wireless systems)是最新一代移动通信技术，为 4G 系统后的演进。5G 的性能目标是高数据速率、减少延迟、节省能源、降低成本、提高系统容量和实现大规模设备连接[63]。5G 第一个演进标准 3GPP Release 16 于 2020 年 7 月 3 日完成，主要新增了超级上行技术、补充超高可靠低延迟通信和大规模机器类互联两大应用场景，并进一步提升了能效和用户体验。2021 年 12 月高通与联发科技发布支持 Release16 的基带产品。GSM 协会预计，到 2025 年，全球 5G 网络将会覆盖超过 17 亿人。

新一代通信技术的主要优点在于，在增强型移动宽带(eMBB)的场景下通过更大的带宽支持更快的下载速度(最终可支持 20 Gbps)。除了速度变快之外，得益于 5G 更大的带宽，通信网络在人员密集区域也可以支撑更多的设备，进而提高网络服务质量[64]，但是 4G 手机并不能使用新的网络。

5G 无线设备通过射频与蜂窝基站的天线阵列和自动收发器(发射机和接收机)进行通信。收发器使用电信运营商分配的频段进行通信，这些频段在地理上分离的其他蜂窝中可以重复使用。基站通过高带宽光纤或无线回程连接与电话网络和互联网连接。与现有的手机一样，当用户从一个蜂窝移动到另一个蜂窝时，他们的移动设备将自动无缝切换到新的蜂窝中。

第六代移动通信系统，简称 6G(The sixth generation mobile networks 或 6th generation wireless systems)是 5G 系统后的延伸。目前仍在开发阶段。

美国国防高级研究计划局与 SRC 公司、纽约大学坦登工程学院等机构合作，于 2018 年 1 月构建了"大学联合微电子学项目"(Joint University Microelectronics Program, JUMP)，其子项目之一"太赫兹与感知融合技术研究中心"(ComSenTer)致力于研究 6G 关键技术太赫辐射。

6G 将使用至太赫兹(THz)频段的传输能力，预计比 5G 快 1 000 倍 bps (1T)，网络延迟也从毫秒(1 ms，10^{-3} 秒)降到微秒级(100 μs，10^{-4} 秒)。

NB-IoT 也是一种蜂窝技术,专为低功耗、低带宽的物联网设备而设计。与传统蜂窝技术相比,NB-IoT 将提供更长的电池寿命和更好的覆盖范围,使其成为智能电表和资产跟踪等应用的理想选择。

3.2.1.2 低功耗广域网络技术

低功耗广域网络技术(Low Power Wide Area Network, LPWAN)是一种适用于物联网应用的无线通信技术,其特点是能够在长距离、低速率和低功耗的情况下进行通信。

比如,LoRa。LoRa 是一种低功耗、远程无线技术,可以在各种频段上运行,这使其可以覆盖全球,实施起来也相对便宜。

3.2.1.3 低功耗局域网络技术

相比于低功耗广域网络技术需要依赖网络运营商来搭建专门的全球服务网络,低功耗局域网络技术可以让开发者自行搭建网络,实现内部的网络通信,实现低功耗信息传输。

比如,zigbee。zigbee 是一种低功耗无线技术,非常适合短距离应用,例如家庭自动化和工业自动化。zigbee 是一个网状网络,这意味着即使设备没有直接连接到网关,它们也可以相互通信。这使其成为缺少基础设施的应用程序(如智能家居和智能工厂)的不错选择。

又如,蓝牙技术。蓝牙技术是一种短距离无线通信技术,通常用于智能手机和其他设备之间的通信。蓝牙技术可以在 $10\sim100$ 米的范围内传输数据,且耗电较低,因此在物联网设备中应用较为广泛。

蓝牙技术中专门提出了低功耗蓝牙(Bluetooth Low Energy, BLE)。低功耗蓝牙是由蓝牙特别兴趣小组(BT SIG)设计和销售的无线个人局域网技术,旨在针对医疗保健、健身、信标、安全和家庭娱乐行业的新颖应用。它独立于经典蓝牙并且不兼容,但蓝牙基本速率/增强数据速率(BR/EDR)和 LE 可以共存。

BLE 使用与传统蓝牙不同的频段(2.4 GHz)和不同的调制方案(跳频扩频)。这使得 BLE 能够以较低的功耗运行,非常适合电池类应用。BLE 设备通常可以在一次电池充电的情况下运行数月甚至数年。BLE 的最大传输距离可达 100 米,而经典蓝牙的最大传输距离为 10 米。然而,BLE 的传输距离对于许多应用来说并不是一个显著的缺点。

BLE 的一些常见应用包括:

（1）健身追踪器。BLE 健身追踪器可以监测心率，采取的步骤和燃烧的卡路里。

（2）邻近信标。BLE 邻近信标可用于触发基于位置的服务，例如在用户进入某个区域时发送推送通知。

（3）安全。BLE 可用于在设备之间创建安全连接，例如智能手机和门锁之间。

（4）家庭娱乐。BLE 可用于控制智能家居设备，例如灯、恒温器和门锁。

BLE 是一项快速发展的技术，具有广泛的潜在应用。随着 BLE 设备成本的不断下降，我们期待在未来看到 BLE 的更多创新用途。

再如，Wi-Fi 技术。Wi-Fi 技术是一种基于 IEEE 802.11 系列标准的局域网无线通信技术，通常用于个人电脑、智能手机和其他移动设备之间的通信。Wi-Fi 技术在物联网设备中应用较为广泛，其传输范围通常在 $50 \sim 100$ 米之间，并且具有快速的数据传输速率。

Wi-Fi 使用 IEEE 802.11 协议的多个部分，旨在与以太网无缝协作。兼容的设备可以通过无线接入点相互联网，也可以与有线设备和互联网联网。不同版本的 Wi-Fi 由各种 IEEE 802.11 协议标准指定，不同的无线电技术决定无线电频段、最大范围和可实现的速度。

Wi-Fi 最常使用 $2.4\,\mathrm{GHz}(120\,\mathrm{mm})$ UHF 和 $5\,\mathrm{GHz}(60\,\mathrm{mm})$ SHF 无线电频段进行数据传输，这些频段被细分为多个通道。信道可以在网络之间共享，但是在范围内，一次只有一个发射器可以在信道上进行传输。

Wi-Fi 站点通过相互发送数据包进行通信：通过无线电单独发送和传送数据块。与所有无线电一样，这是通过载波的调制和解调来完成的。不同版本的 Wi-Fi 使用不同的技术，802.11b 在单载波上使用 DSSS（直接序列扩频谱），而 802.11a、Wi-Fi 4、5 和 6 在信道内使用多载波（OFDM）技术。

Wi-Fi 设备使用全球唯一的 48 位 MAC 地址（通常印在设备上）作为唯一标识。MAC 地址用于指定每个数据包的源和目的地，从而建立链路级连接。在接收传输时，接收器使用目标地址来确定该传输是否与该站相关或是否应该被忽略。

在无线电领域，多输入多输出（MIMO）是一种使用多个发射和接收天线来倍增无线电链路容量以利用多径传播的方法。在现代，"MIMO"特指一类通过利用多途径传播在同一无线电信道上同时发送和接收多个数据信号的技术。MIMO已成为无线通信标准的基本要素。Wi-Fi 4及更高标准允许设备在发射器和接收器上配备多个天线。多个天线使设备能够在相同频段上利用多径传播，从而提供更高的速度和更远的范围。

Wi-Fi 6，即IEEE 802.11ax无线局域网标准，又称为高效率无线局域网（High Efficiency Wlan，HEW）。

Wi-Fi 6支持从1 GHz至6 GHz的所有ISM频段，包括目前常用的2.4 GHz和5 GHz(5.8 GHz)频段，向下兼容IEEE 802.11a/b/g/n/ac。目标是支持室内室外场景、提高频谱效率。相比802.11ac，Wi-Fi 6在密集用户环境下实际吞吐量提升4倍，标称传输速率提升37%，延迟下降75%。

Wi-Fi联盟于2019年9月16日开启Wi-Fi CERTIFIED 6认证计划，于2020年1月3日将使用6 GHz频段（美国FCC开放频段为5.925～7.125 GHz)的IEEE 802.11ax称为Wi-Fi 6E。

3.2.1.4　Mesh网络技术

Mesh网络即"无线网格网络"，可以与其他网络协同通信，是一个动态的可以不断扩展的网络架构。在该架构内，任意的两个设备均可以保持无线互联[65]。

1) 蓝牙Mesh

蓝牙Mesh是一种蓝牙网络拓扑结构，它允许多个蓝牙设备相互连接并协同工作，从而创建一个可扩展的、自组织的网络（见图3-11）。蓝牙Mesh

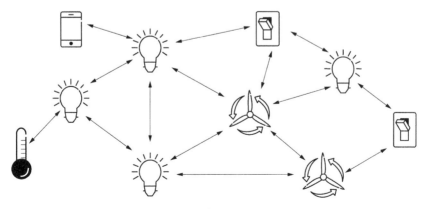

图3-11　蓝牙Mesh组网

非常适合数百或数千台设备需要相互通信的控制、监控的自动化系统。蓝牙Mesh旨在满足商业和工业环境的严格要求,在这些环境中,部署的简便性、设备性能和安全性至关重要。

蓝牙Mesh具有许多优势,凭借100%智能手机和平板电脑原生的蓝牙技术,安装人员可以使用调试应用程序直接与蓝牙Mesh网络上的节点进行通信,从而无需专门的工程专业知识或互联网和云平台来支持系统的安装和操作。远程配置、便利部署使得蓝牙Mesh能够满足商业和工业环境的严格要求。

此外,蓝牙Mesh专为大规模无线网络部署而设计。分散式控制架构、独特的寻址方法、多种信息中级选项,这三个关键功能将蓝牙Mesh与其他无线网络技术区分开来,并为商业和工业安装中的安装人员、建筑管理者和最终用户提供所需的弹性。

蓝牙Mesh在设计时将安全性作为重中之重,并提供工业级安全性以防御所有已知的攻击。其安全性体现在强制性覆盖整个设备网络、附加功能可进一步增强安全性和网络设备隐私,以及安全架构开放并可供公众审查上。

2) ESP MESH

ESP-MESH是一种构建在Wi-Fi协议之上的网络协议。ESP-MESH允许分布在较大物理区域(室内和室外)的大量设备(以下称为节点)在单个WLAN(无线局域网)下互连(见图3-12)。ESP-MESH具有自组织和自修

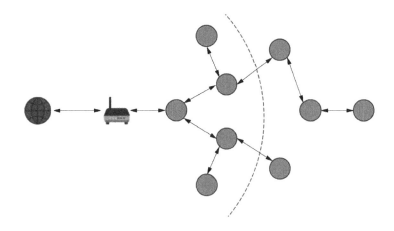

图 3-12 ESP-MESH 网络架构

复功能,这意味着网络可以自主构建和维护。

ESP-MESH 与传统基础设施 Wi-Fi 网络的不同之处在于,节点不需要连接到中央节点。相反,允许节点与相邻节点连接。节点相互负责中继彼此的传输。这使得 ESP-MESH 网络具有更大的覆盖范围,因为节点仍然可以实现互联,而无需位于中心节点的范围内。同样,ESP-MESH 也不易受到过载的影响,因为网络上允许的节点数量不再受单个中央节点的限制。

ESP-MESH 网络数据传输使用 ESP-MESH 数据包,其完全包含在 Wi-Fi 数据帧的帧体内。

此外需要注意的是:ESP-MESH 网络的数据传输采用 Wi-Fi WPA2 - PSK 加密,区别于网状网络 IE 使用 AES 加密。

3) Wi-Fi CERTIFIED EasyMesh

Wi-Fi CERTIFIED EasyMesh 为实现多接入点(AP)Wi-Fi 网络提供了一种基于标准的方法,既具备易用、自适应 Wi-Fi 的优势,又具备设备选择灵活性高的优势。Wi-Fi CERTIFIED EasyMesh 网络运用一起运行的多个接入点形成一个统一的网络,提供全面覆盖室内和室外空间的、智能高效的Wi-Fi。

Wi-Fi CERTIFIED EasyMesh 的安装和使用都很简便。网络设置和设备入网仅需最低限度的用户干预。网络连接一旦建立,网络就有了自我监控,自动优化的性能。Wi-Fi CERTIFIED EasyMesh 利用 Wi-Fi CERTIFIED Agile Multiband 提供的机制,将设备引导到能为其提供最佳 Wi-Fi 服务的AP 上。Wi-Fi CERTIFIED EasyMesh 网络还可基于变化的条件修改网络结构,以提供一致的体验。

人们在家中越来越依靠 Wi-Fi 实现设备互连、提供数据流传送服务,这就需要更加智能的、覆盖范围更大和覆盖一致的 Wi-Fi 网络。Wi-Fi CERTIFIED EasyMesh 产品提供的网络覆盖范围全面,能够以最低限度的用户干预智能地管理资源,可同时惠及消费者和服务提供商。Wi-Fi CERTIFIED EasyMesh 技术是高度可扩展的,使用户能够在需要的地点简便地增加无线 AP。Wi-Fi CERTIFIED EasyMesh 网络以 Wi-Fi CERTIFIED 的承诺为基础,容许用户在更多可互操作的、不同品牌的设备中进行选择。

3.2.2　物联网有线通信技术

3.2.2.1　以太网

以太网是一种计算机局域网技术。IEEE 组织的 IEEE 802.3 标准制定了以太网的技术标准,它规定了包括物理层的连线、电子信号和介质访问控制的内容。以太网是目前应用最为普遍的局域网技术。

以太网实现了网络上无线电系统多个节点发送信息的想法,每个节点必须获取电缆或者信道才能传送信息,有时也叫作以太(Ether)。每一个节点有全球唯一的 48 个二进位地址,也就是制造商分配给网卡的 MAC 地址,以保证以太网上所有节点能互相鉴别。由于以太网十分普遍(见图 3 - 13),许多制造商把以太网卡直接集成进计算机主板。以太网通信具有自相关性的特点,这对于电信通信工程十分重要。

图 3 - 13　以太网线

3.2.2.2　串行通信与并行通信

在电信和数据传输中,串行通信是通过通信通道或计算机总线一次顺序发送一位数据的过程。这与并行通信相反,并行通信在具有多个并行通道的链路上将多个位作为一个整体发送。串口类似于一条车道,而并口就是有 8 个车道同一时刻传送 8 位,也就是 1 个字节的数据。但并不是并口快,由于 8

位数据通道之间的互相干扰,传输时速度就受到了限制。而且当传输出错时,要同时重新传8位的数据。串口没有干扰,传输出错后重发一位就可以了,所以要比并口快[66]。

串行通信用于所有长途通信和大多数计算机网络。电缆成本和同步困难使得并行通信不切实际。即使在较短的距离内,串行计算机总线也变得越来越普遍,因为较新的串行技术中改进的信号完整性和传输速度已经开始超过并行总线的简单性优势(不需要串行器和解串器,或 SerDes),并超越其缺点(时钟偏差、互连密度)。从 PCI 到 PCI Express 的迁移就是一个例子。

计算机(或计算机的一部分)通过其相互通信的通信链路可以是串行的也可以是并行的。并行链路沿着多个通道(例如,电线、印刷电路轨道或光纤)同时传输多个数据流;而串行链路仅传输单个数据流。

许多串行通信系统最初设计为通过某种数据电缆在相对较长的距离上传输数据。实际上,所有长距离通信都是一次一位传输数据,而不是并行传输,因为这样可以降低电缆成本。携带此数据的电缆("串行电缆"除外)及其插入的计算机端口通常使用更具体的名称来提及,以减少混淆。

键盘和鼠标的电缆和端口几乎总是串行的,例如 PS/2 端口、Apple 桌面总线和 USB。传输数字视频的电缆也大多是串行的,例如插入 HD-SDI 端口的同轴电缆、插入 USB 端口或 FireWire 端口的网络摄像头、将 IP 摄像机连接到以太网供电端口的以太网电缆、FPD-Link、数字电话线(例如 ISDN)等。

其他此类电缆和端口一次传输一位数据,包括串行 ATA、串行 SCSI、插入以太网端口的以太网电缆、使用 VGA 连接器或 DVI 端口或 HDMI 端口的先前保留引脚的显示数据通道。

3.2.2.3　CAN 总线

控制器局域网(Controller Area Network,简称 CAN 或者 CAN bus)是一种功能丰富的车用总线标准,被设计用于在不需要主机(Host)的情况下,允许网络上的单片机和仪器相互通信。它基于消息传递协议,设计之初在车辆上采用复用通信线缆,以降低铜线使用量,后来也被其他行业所使用。

CAN 建立在基于信息导向传输协定的广播机制(Broadcast Communication Mechanism)上。其根据信息的内容,利用信息标识符(Message Identifier,每个标识符在整个网络中独一无二)来定义内容和消息的优先顺序进行传递,而并非指派特定站点地址(Station Address)的方式。

因此,CAN 拥有了良好的弹性调整能力,可以在现有网络中增加节点而不用在软、硬件上做出调整。除此之外,其消息的传递不基于特殊种类的节点,增加了升级网络的便利性。

CAN 是一种低级协议,本质上不支持任何安全功能。标准 CAN 实现中也没有加密,这使得这些网络容易遭受中间人拦截。在大多数实现中,应用程序需要部署自己的安全机制,例如,验证传入命令或网络上某些设备的存在。如果对手设法在总线上插入消息,未能实施足够的安全措施就可能会导致各种攻击。虽然某些安全关键功能(例如修改固件、编程密钥或控制防抱死制动执行器)存在密码,但这些系统并未普遍实现,并且种子/密钥对的数量有限。

3.2.2.4　Modbus

Modbus 是一种数据通信协议,最初由 Modicon(现为施耐德电气)于1979 年发布,用于其可编程逻辑控制器(PLC)。Modbus 已成为事实上的标准通信协议,并且是连接工业电子设备的常用方式。

Modbus 在工业环境中很受欢迎,因为它是公开发布且免版税的。它是为工业应用而开发的,与其他标准相比相对容易部署和维护,并且对传输数据的格式限制很少。

Modbus 协议使用字符串行通信线路、用以太网或互联网协议套件作为传输层。Modbus 支持与连接到同一电缆或以太网的多个设备之间的通信。例如,将一个测量温度的设备和另一个测量湿度的设备连接到同一根电缆,两者都通过 Modbus 将测量结果传送到同一台计算机。

Modbus 通常用于将工厂/系统监控计算机与监控和数据采集(SCADA)系统中的远程终端单元(RTU)连接。许多数据类型都是从工厂设备的工业控制中命名的,例如梯形逻辑,因为它用于驱动继电器:单位物理输出称为线圈,单位物理输入称为离散输入或一个联系人。

3.2.2.5　USB 接口

通用串行总线(USB)是一种行业标准,指定用于主机(例如个人计算机、外围设备(例如键盘和移动设备)以及中间集线器)的连接、数据传输和供电的物理接口和协议。USB 旨在标准化外设与计算机的连接,取代串口、并口、游戏口、ADB 口等各种接口。它已在键盘、鼠标、相机、打印机、扫描仪、闪存驱动器、智能手机、游戏机和移动电源等各种设备上变得司空见惯。

USB 旨在标准化外围设备与个人计算机的连接，以实现通信和供电。它在很大程度上取代了串行端口和并行端口等接口，并在各种设备上变得司空见惯。通过 USB 连接的外围设备的示例包括计算机键盘和鼠标、摄像机、打印机、便携式媒体播放器、移动（便携式）数字电话、磁盘驱动器和网络适配器。

USB 连接器越来越多地取代其他类型作为便携式设备的充电电缆。

与所有标准一样，USB 的设计也有多种限制：

USB 电缆的长度受到限制，因为该标准适用于同一桌面上的外围设备，而不是房间或建筑物之间的外围设备。但是，USB 端口可以连接到访问远程设备的网关。

USB 数据传输速率比其他互连（例如 100 Gigabit 以太网）慢。

USB 具有严格的树形网络拓扑和主/从协议来寻址外围设备；这些设备只能通过主机才能相互交互，并且两台主机无法直接通过其 USB 端口进行通信。通过 USB On-The-Go 输入、双角色设备和协议桥可以对此限制进行一些扩展。

主机无法同时向所有外设广播信号——每个外设都必须单独寻址。

虽然某些传统接口和 USB 之间存在转换器，但它们可能无法提供传统硬件的完整实现。例如，USB 到并行端口转换器可能适用于打印机，但不适用于需要双向使用数据引脚的扫描仪。

对于产品开发人员来说，使用 USB 需要实现复杂的协议，并且意味着外围设备中需要一个"智能"控制器。打算公开销售 USB 设备的开发人员通常必须获得 USB ID，这要求他们向 USB 实施者论坛（USB-IF）支付费用。使用 USB 规范的产品开发商必须与 USB-IF 签署协议。在产品上使用 USB 徽标需要缴纳年费并成为该组织的会员。

3.2.2.6　海底电缆

海底电缆，又称海底通信电缆（Submarine Communication Cables），是用绝缘材料包裹的导线，铺设在海底，用于设立国家或地区之间的电信或电力传输。

首批海底通信电缆提供电报通信，后来开始引入电话通信，以及互联网通信。现代的电缆还使用了光纤技术[67]，并且设立更先进的电话通信、互联网与专用数据通信，被称为海底光缆。海底光缆不仅历史悠久，对比通信卫星在传输数据上也有着压倒性的优势。虽然人造卫星的方案看似简单不少，但是通信卫星均部署在 3.5 万千米高的地球同步轨道或甚至更远的闪电轨道上，封包来回花费的时间与海底光缆相比会长很多，通信品质和速度也无法与之相比。

现代电缆通常直径约 25 毫米(0.98 英寸)，深海段重约 1.4 吨/公里(2.5 短吨/英里；2.2 吨长/英里)，尽管大部分电缆较长，但深海段较重的电缆用于海岸附近的浅水部分。截至 2005 年，除南极洲之外，海底电缆已经覆盖并联通地球上所有洲。南极洲是唯一没有海底电缆联结的洲。其所有电话、影片和电子邮件流量必须通过卫星，因为光纤电缆不能承受南极洲 10 米深冰流，−80℃低温以及大量的突发状况。

3.2.2.7　网络交换机

网络交换机(Network Switch)是一种网络硬件，通过报文交换接收和转发数据到目标设备，它能够在计算机网络上连接不同的设备。一般也简称为交换机。以太网交换机是网络交换机常见的形式。

交换机是一种多端口的网桥，在数据链路层使用 MAC 地址转发数据。通过加入路由功能，一些交换机也可以在网络层转发数据，这种交换机一般被称为三层交换机或者多层交换机。

中继器会在其所有端口转发相同的数据，让设备自行判断哪些是自己需要的数据，交换机则不同，它只会将数据转发到需要接收的设备上。

3.2.3　物联网通信协议

通信协议又称通信规程，是指通信双方对数据传送控制的一种约定。约定中包括对数据格式、同步方式、传送速度、传送步骤、检纠错方式以及控制字符定义等问题做出统一规定，通信双方必须共同遵守[68]，也叫作链路控制规程。有许多不同类型的物联网通信协议，每种协议都有自己的优点和缺点。表 3-4 是一些常见的协议。

表3-4　常见的物联网通信协议

MQTT （消息队列遥测传输）	是一种轻量级协议，非常适合带宽有限的低功耗设备。它通常用于机器对机器（M2M）通信，是最流行的物联网协议之一
CoAP （受限应用协议）	是另一种专为低功耗设备设计的轻量级协议。它与 MQTT 类似，但使用并不广泛
HTTP （超文本传输协议）	是一种众所周知的用于网页浏览的协议。它也可以用于物联网通信，但效率不如其他一些协议
BLE （低功耗蓝牙）	是一种专为低功耗设备设计的无线协议。它通常用于可穿戴设备和其他短距离应用
Zigbee	一种无线网状网络协议，非常适合家庭自动化和其他需要多个设备相互通信的应用

这里着重介绍 MQTT 协议。

MQTT（消息队列遥测传输）是一种轻量级发布/订阅消息传递协议，适合用于机器对机器（M2M）和物联网（IoT）应用程序。它易于实施和使用，并且在带宽和功耗方面很有优势。

MQTT 协议有三个关键概念：队列、消息和主题。

在 MQTT 中，队列是消息的临时存储位置。消息存储在队列中，直到它们被传递给订阅者；消息是从发布者发送到订阅者的数据单元。消息可以包含任何类型的数据，例如文本、二进制数据或 JSON 对象；主题是标识特定消息类型的字符串，如"温度"或"湿度"。

MQTT 使用客户端-服务器架构，中央代理接收来自发布者的消息并将它们传递给订阅者。发布者和订阅者可以是应用程序或设备。发布者想要发送消息时，会将消息发布到主题。订阅者想要接收消息时，会订阅一个或多个主题。当消息发布到主题时，代理将消息传递给订阅该主题的所有订阅者。

MQTT 协议需要依赖服务器启动并运行 MQTT 服务，以此保证设备间可以稳定通信。通常，用户可以购买服务商的 MQTT 服务进行接入，也可以自行搭建 MQTT 服务器。这里介绍一个轻量级的 MQTT 服务软件——SIoT。

SIoT 是一个为教育定制的跨平台的开源 MQTT 服务器程序，支持 Win10、Win7、Mac、Linux 等操作系统，一键启动，无需用户注册或者系统设置（见图 3-14）。

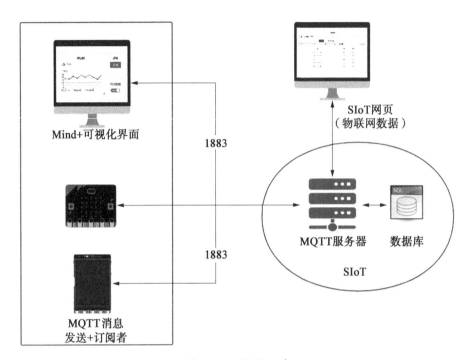

图 3-14　SIoT 工作

SIoT 采用 GO 语言编写，具有如下特点：

（1）跨平台。支持 Win10、Win7、Mac、Linux 等操作系统。只要启动这一程序，普通计算机（包括拿铁熊猫、虚谷号和树莓派等微型计算机）就可以成为标准的 MQTT 服务器。

（2）一键运行。纯绿色软件，不需要安装，下载后解压就可以使用，尤其适合中小学的物联网技术教学。

（3）使用简单。软件运行后，不需要任何设置就可以使用。利用特定的"Topic"的名称"项目名称/设备名称"，就能自动在数据库中添加项目和设备的名称，并将消息数据存入数据库。

（4）支持数据导出。所有的物联网消息数据都可以在线导出，系统采用 SQLite 数据库，同时支持 Mysql 数据库。

（5）支持标准的 MQTT 协议。支持标准的 MQTT 协议，且默认的 QoS 级别为 0。

（6）支持 WebAPI。系统安装了完善的 WebAPI，方便各种软件以

HTTP 的方式调用,支持 App inventor、Scratch、VB 等,默认不支持 MQTT 的中小学生常用编程软件调用。

截至目前,SIoT 已经发布 V2 版本,SIoT V2 全新升级,性能提升,可以支持更快的速度,同时使用 QOS 区分了快速数据以及存入数据以应对不同的使用场景,网页界面也进行了更新。

除了像 MQTT 协议这样依赖客户端-服务器架构的协议,还有一些协议,如 BLE、zigbee 等,实现了去中心化,可以直接在客户端之间建立连接,省去了搭建服务器的麻烦。但是,由于缺少了中心服务器,数据仅在通信链路上进行流转,并不会在中心服务器上进行存储和处理,如果想要为数据进行复杂的处理和分析,就无从施展。因此,在设计物联网系统之初,就应当充分考虑该系统所需的功能,并选择合适的物联网服务协议。

3.3 物联网操作系统

3.3.1 物联网操作系统简史

物联网操作系统(Operating System for Internet of Things, IoT OS),是一种在嵌入式实时操作系统基础上发展出来的、面向物联网技术架构和应用场景的软件平台。

物联网操作系统是物联网技术的重要组成部分,是支持物联网设备连接、收集数据、实现智能化控制和协同工作等功能的关键基础软件。

人们早在 1982 年就讨论过智能设备网络的主要概念,当时卡内基梅隆大学的一台改进后的可口可乐自动售货机成为第一个联网的设备,它能够自动报告库存信息,自动检测新装的离开网,并能够报告其库存以及新装的饮料是否是冷藏状态。

1991 年,马克·维瑟(Mark Weiser)的一篇关于普适计算的论文《21 世纪的计算机》(*The Computer of the 21st Century*)以及 UbiComp(普适计算峰会)和 PerCom(国际普适计算和通信领域年度学术会议)等学术场所共同产生了发展物联网的愿景。

1994 年,雷萨·拉吉(Reza Raji)在《科技纵览》中描述了这个概念:"将小的数据包移动到一大批节点上,以便将从家用电器到整个工厂的所有东西整合起来并实现自动化。"1993 年至 1997 年间,一些公司提出了解决方案,例如微软的 at Work 和诺维尔(Novell)的 NEST。比尔·乔伊(Bill Joy)在达沃斯世界经济论坛上提出的"六网"框架中设想了设备与设备之间的通信,使这一领域获得了发展势头。

翻阅历史,最初的物联网操作系统的雏形是美国加州大学伯克利分校的TinyOS 和瑞士计算机科学学院网络系统小组开发的 Contiki,这两款传感器操作系统都是最早具备物联网操作系统特征的存在。随后的 2010 年,欧洲诞生了 RIOT(实时多任务操作系统),不仅可以运行在小型 MCU 上,也支持 MPU。

直到 2014 年 2 月,德国纽伦堡的嵌入式世界大会上,风河公司发布了其基于 VxWorks 7 的物联网操作系统,随后也在官网上给出了产品介绍和白皮书。微软和风河这两家操作系统大公司的加入,使得物联网操作系统呼之欲出。

3.3.2　物联网操作系统介绍

3.3.2.1　物联网操作系统的特点

物联网操作系统与传统的个人计算机操作系统和智能手机类操作系统不同,它具备物联网应用领域内的以下特点:

(1)内核尺寸伸缩性以及整体架构的可扩展性。物联网的发展即将进入一个小的爆发期,所以面对一轮轮的技术革新甚至换代时,整体架构的灵活性和可扩展性可以说决定了一个企业的商业命脉。同时,为了适应不同的应用场景下的技术要求,内核尺寸的伸缩性也是需要面对的问题。

(2)内核的实时性。对于非抢占式调度方式的内核很难满足关键性动作的实时性要求,比如,在常见的中断响应和多任务调度等情况下,操作系统的实时性便有了更高的要求,特别是对于大多数的物联网应用而言,有意义的响应时间决定了市场的接受度。

(3)高可靠性。在物联网的应用环境下,面对海量节点可以说设备一经投入使用,就很难再去维护。所以平均无故障运行时间和在一些严苛环境下的性能表现就显得尤为重要。

（4）低功耗。由于物联网的应用场景和网络节点的数量增多，低功耗是一个非常关键的指标。所以在设计整体架构的时候，就需要加入一些休眠模式、节能模式、降频模式等逻辑判断，以延长续航能力。

3.3.2.2 物联网操作系统的挑战

物联网的"5C"是物联网设计面临的五个主要挑战，即连通性、连续性、合规性、共存性和网络安全性。

（1）挑战一：连接性。

由于无线连接非常复杂，而且密集的设备部署进一步使操作复杂化，实现往返于设备、基础架构、云和应用之间的无缝信息流是一项比较大的物联网挑战。然而，即使在最恶劣的环境中，关键任务物联网设备也有望可靠运行而不会失败。迅速发展的无线标准增加了复杂性，工程师们在与比较新的技术保持同步方面不断面临挑战，同时要确保设备可以在整个生态系统中无缝运行。

为了应对连接性挑战，需要设计和测试解决方案，这些解决方案必须高度灵活，可配置，并且可以升级，以满足未来的需求。需要灵活性来测试具有多种无线电格式的设备，以评估实际操作模式下的设备性能，并支持信令模式下的空中（OTA）测试，而无需芯片组专用的驱动器。该解决方案应该简单、便宜，并且能够在研发和制造中使用，以利用代码并使开发的不同阶段中的度量相关问题最小化。

（2）挑战二：连续性。

确保和延长电池寿命，是物联网设备重要的考虑因素。较长的电池寿命是消费物联网设备的巨大竞争优势。对于工业物联网设备，电池寿命通常为5～10年。对于起搏器等医疗设备，设备寿命可能关乎生死。当然，电池故障也是问题。

为了延长IoT电池寿命，设计人员需要设计具有深度睡眠模式的集成电路（IC），这种模式消耗很少的电流，并实现低电池电压。

对于无线通信，标准组织正在定义新的低功耗工作模式，例如NB-IoT、LTE-M、LoRa、Sigfox，它们在保持低功耗的同时提供了必要的有效工作时间。将传感、处理、控制和通信组件集成到最终产品中的设计人员必须知道外围设备的性能和功耗，并优化产品的固件和软件以简化操作并减少功耗。

（3）挑战三：合规性。

物联网设备必须遵守无线电标准和全球法规要求。一致性测试包括无线电标准一致性和运营商验收测试，以及法规遵从性测试，例如 RF、EMC 和 SAR 测试。设计工程师经常被迫遵守严格的产品推出时间表，并确保产品顺畅地进入全球市场，同时遵守最新法规（而且这些法规经常更新）

合规性测试非常复杂且耗时，如果手动执行，则可能需要几天或几周才能完成。为了保持产品发布进度，设计人员可以考虑在每个设计阶段使用的预一致性测试解决方案，以及早解决问题。选择一个符合测试实验室法规遵从性要求的系统还可以帮助确保测量相关性并降低故障风险。

（4）挑战四：共存。

对于数十亿台的设备，无线电信道的拥塞是一个只会变得更糟的问题。为了解决无线电信道拥塞问题，标准机构开发了测试方法，以评估在存在其他信号时设备的运行情况。

例如，在蓝牙中，自适应跳频（AFH）可使蓝牙设备放弃遇到高数据冲突的信道。其他防撞技术，例如 LBT 和 CCA，也可以提高传输效率。但是这些技术在混合信号环境中的有效性尚不清楚，并且当无线电格式无法相互检测时，将会发生冲突和数据丢失。

失去控制信号的工业传感器，或由于周围干扰而停止工作的医用输液泵，可能会造成严重后果。因此，共存测试至关重要，它可以测量和评估设备在拥挤的混合信号环境中的运行方式，并评估在相同操作环境中发现意外信号时保持无线性能的潜在风险。

（5）挑战五：网络安全。

大多数传统的网络安全保护工具都集中在网络和云上。端点和空中（OTA）漏洞经常被忽略。尽管在许多应用中使用了诸如蓝牙和 WLAN 之类的成熟技术，但为解决 OTA 漏洞所做的工作很少。这些无线协议的复杂性转化为设备无线电实现中潜在的未知陷阱，可能使黑客能够访问或控制设备。

根据 IDC 的调查，70% 的安全漏洞来自端点。应识别 OTA 漏洞和进入端点设备的潜在入口点，并使用已知威胁/攻击的定期更新数据库对设备进行测试，以监视设备响应并检测异常。

物联网为许多行业带来了激动人心的新应用和机遇，但也带来了前所未有的挑战,需要人们以新的方式进行思考以满足关键任务的要求。成功的物联网需要克服 5C 技术挑战。开发者应对这些挑战有深刻的了解,并了解关键的设计和测试考虑因素,才能为物联网在整个生态系统中的部署和实施奠定坚实的基础。在整个产品生命周期中使用正确的设计、验证、合规性测试,将有助于确保物联网兑现其承诺。

3.3.3 常见的物联网操作系统

3.3.3.1 嵌入式操作系统

这种类型的操作系统专门设计用于嵌入式系统,如传感器、嵌入式设备和微控制器。嵌入式操作系统通常具有小巧、高效的特点,能够在资源有限的设备上运行,并提供基本的任务调度、内存管理和设备驱动等功能。

部分嵌入式操作系统具有严格的时间约束,我们称之为实时操作系统,这类操作系统能够确保任务按照预定的时间要求执行。这对于需要实时响应的物联网应用非常重要,例如工业自动化、智能交通和医疗设备等。实时操作系统通常具有优先级调度、任务调度和事件触发等功能,以确保任务能够按时完成。

1) uC/OS 系统

如图 3-15 所示,uC/OS 最早于 1992 年发布,1998 年 uC/OS-Ⅱ 版本出现,最新的版本则是 uC/OS-Ⅲ,国内比较流行的是 uC/OS-Ⅱ。除任务管理、时间管理、内存管理、通信与同步等操作系统基本功能外,uC/OS 还提供

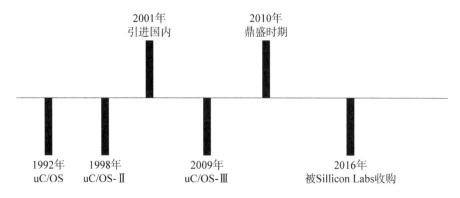

图 3-15 uC/OS 系统发展历程

了 TCP/IP、USB、CAN 和 Modbus 等功能组件,但其网络功能相对来说比较薄弱。uC/OS 采用的是开源不免费的策略,商业使用需要缴纳授权费用。从其在国内的发展过程来看,2010 年是 uC/OS 的鼎盛时期,可能也正是"开源不免费"的策略导致它在 2010 年后迅速地被 FreeRTOS 超越。uC/OS 在 2016 年被芯科科技(Silicon Labs)公司收购了。

2) FreeRTOS 系统

如图 3-16 所示,FreeRTOS 嵌入式操作系统诞生于 2003 年,采用 MIT License,开源免费,适用于任何商业或非商业场合。在 ARM 于 2004 年推出 Cotex-M3 系列架构的 IP 之后,TI、ST、NXP、Atmel 等国外芯片公司在 2006 年前后都相继推出基于 Cotex-M3 的 MCU,这些芯片默认搭载的都是 FreeRTOS 操作系统,这就直接促使了 FreeRTOS 在 2010 年迅速超越 uC/OS 成为第一大嵌入式操作系统。FreeRTOS 在 2016 年被亚马逊(Amazon)公司正式收购,亚马逊将自己的 AWS 服务内嵌到 FreeRTOS 系统中,并于 2017 年推出了集成无线连接、安全、OTA 等功能的物联网操作系统[69]。

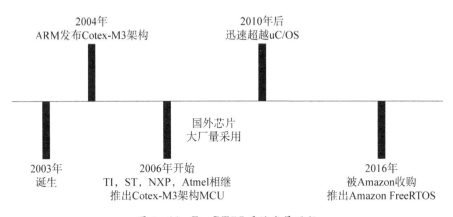

图 3-16 FreeRTOS 系统发展历程

Amazon FreeRTOS 的内核具有简单、轻量、可靠性好、可移植性好等诸多优点,有着广泛的用户基础,已经在多个行业中进行商业应用。Amazon FreeRTOS 版本提供了跟 AWS 相关的软件库,方便用户将物联网功能集成到设备中去。其提供的软件库还支持 TLS V1.2 协议,可以帮助设备安全地连接到云。

除此之外，Amazon FreeRTOS 设备可以直接连接到 AWS IoT Core 等云服务，也可以连接到 AWS Greengrass 等本地边缘服务。

3）RT-Thread 系统

RT-Thread 诞生于 2006 年，是一款以开源、中立、社区化发展起来的物联网操作系统，它主要采用 C 语言编写，浅显易懂，且具有组件完整丰富、高度可伸缩、开发简易、超低功耗、安全性高的特性。RT-Thread 具备一个物联网操作系统平台所需的所有关键组件，例如 GUI、网络协议栈、安全传输、低功耗组件等。

RT-Thread 有完整版和 Nano 版，对于资源受限的微控制器（MCU）系统，可通过简单易用的工具，裁剪出仅需要 3KB Flash、1.2KB RAM 内存资源的 Nano 内核版本；而资源相对丰富的物联网设备，可使用 RT-Thread 完整版，通过在线的软件包管理工具，配合系统配置工具实现直观快速的模块化裁剪，并且可以无缝地导入丰富的软件功能包，实现更加复杂的功能。

RT-Thread 拥有良好的软件生态，支持市面上所有主流的编译工具如 GCC、Keil、IAR 等，工具链完善、友好，支持各类标准接口，如 POSIX、CMSIS、C++ 应用环境、Javascript 执行环境等，方便开发者移植各类应用程序。商用版本支持所有主流 MCU 架构，如 ARM Cortex-M/R/A，MIPS，X86，Xtensa，C-Sky，RISC-V，几乎支持市场上所有主流的 MCU 和 Wi-Fi 芯片[70]。

4）Mbed OS 系统

Mbed OS 是 ARM 公司为基于 cortex-M 系列 32 位 CPU 开发的开源物联网操作系统，免费向用户开放，并提供 SDK 和相关开发工具给硬件开发者；而 Mbed Device Server 则采取开发免费＋商业授权的形式供用户使用。它包括了在 cortex-M CPU 上构建一个物联网设备所必需的所有特性：安全、网络、RTOS、传感器和 I/O 设备的驱动。

Mbed OS 支持在智能城市、家居等领域主流的 Sub-GHz、zigbee 和 Thread 等协议，在系统基础上主动兼容这些协议和数据互通，从而免去自主协议带来的与合作伙伴竞争并且重复造轮子的过程。

5）RIOT 系统

RIOT 是由一个独立于特定供应商的国际开源社区开发的，其将自己称为"友好的物联网操作系统"，致力于开发者友好、资源友好、物联网友好。

RIOT 基于以下设计原则：能源效率、实时能力、小内存占用、模块化和统一的 API 访问，独立于底层硬件（该 API 提供部分 POSIX 兼容性）。其关键的功能包括 C/C++支持、多线程、能量效率、部分遵守 POSIX 等。RIOT 开源社区 2008 年就已启动。RIOT 能够在众多平台上运行，包括嵌入式设备、PC、传感器等。

此外，还有 Harmony OS 等操作系统，由于构建了智能互联的技术底层，可以以一种更新更自由的方式部署在嵌入式设备上，属于一种新型的嵌入式操作系统。这一部分将在后面展开介绍。

3.3.3.2　互联网平台操作系统

这类操作系统由互联网公司的云平台延伸而来，基于传统操作系统进行"剪裁"和定制。该类操作系统的优点是天生与互联网服务相结合，方便对接互联网应用，缺点是基本上是各家产品对各家服务，难以做到平台中立，对软件开发者来说功能性受到了限制。

1）华为 LiteOS 系统

LiteOS 是华为公司推出的轻量级物联网操作系统，它目前已经适配了众多的通用 MCU 以及 NB-IoT 集成开发套件。它是面向 IoT 领域构建的轻量级物联网操作系统，遵循 BSD-3 开源许可协议，可广泛应用于智能家居、个人穿戴、车联网、城市公共服务、制造业等领域。

2）阿里巴巴 AliOS Things 系统

AliOS Things 是阿里巴巴公司 2017 年推出的面向物联网领域的轻量级操作系统，致力于搭建云端一体化 IoT 基础设施，具备极致性能、极简开发、云端一体、丰富组件、安全防护等关键能力，并支持终端设备连接到阿里云物联网平台。目前在智能家居、智慧城市、智能制造、新出行等领域大量使用。

AliOS Things 轻应用的开发模式自推出以来就受到开发者的支持，目前在智慧家庭、智能工业、智慧农业等行业有了广泛的应用，真正做到了"JS/Python 也能轻松开发智能硬件"。

3）腾讯 TencentOS Tiny 系统

TencentOS Tiny 是腾讯面向物联网领域开发的实时操作系统，具有低功耗、低资源占用、模块化、安全可靠等特点，可有效提升物联网终端产品开发效率。

TencentOS Tiny 号称业界最小,只有 1.8K,提供精简的 RTOS 内核,内核组件可裁剪可配置,可快速移植到多种主流 MCU 及模组芯片上。它基于 RTOS 内核提供了丰富的物联网组件,内部集成主流物联网协议栈(如 CoAP/MQTT/TLS/DTLS/LoRaWAN/NB-IoT 等),可助力物联网终端设备及业务快速接入腾讯云物联网平台。

3.3.3.3　网络操作系统

物联网设备通常需要与其他设备或云平台进行通信,而网络操作系统提供了网络协议栈、通信接口和安全性功能等,以便物联网设备进行网络通信。这些操作系统还可以提供支持各种通信协议的功能,如 Wi-Fi、蓝牙、LoRaWAN 和 Zigbee 等。

1) Windows IoT 系统

Windows IoT 是微软发布的一种跨行业的智能物联网技术框架,旨在推动智能设备的发展,实现连接设备、数据和服务。该技术通过集成操作系统、开发工具、硬件平台等,可以极大提高物联网设备接入计算层级的便捷性,实现跨行业智能物联,为企业和消费者提供大量的免费解决方案,推动智能化社会的到来。

Windows IoT 采用类似于 Windows 的操作系统,可在不同的硬件设备上运行,如单片机和嵌入式设备,灵活适应不同地理位置的要求,可以满足各种应用场景。此外,Windows IoT 还可以跟踪设备的状态,实现定时、定点的备份和恢复,并分析设备的数据,从而提升数据精度和准确性。

Windows IoT 具有以下技术优势:

(1) 安全性。Windows IoT 提供统一的安全体系管理以及严格的数据保护,使用 HTTPS 协议以加密方式传输设备数据,降低网络攻击的频率,并可配置 IoT 的服务器安全,确保网络安全。

(2) 云计算。Windows IoT 可以利用云计算服务,把物联网设备连接到互联网,支持数据交换和存储服务,支持对大量的数据进行精准计算,实现实时物联网状态监控和管理。

(3) 可扩展性。Windows IoT 通过简单的管理员特权作为基础,可以轻松地在新硬件上安装多种应用程序以满足不同的用户需求,通过远程连接,加快企业管理的流程,让企业扩展更加高效。

Windows IoT 的技术优势,使其在制造业、零售、教育、物流、车载信息系统、无线家庭等众多领域都有着广泛的应用,能够带动企业实现智能化技术的升级,提升企业的竞争力,实现更低的运营成本,节省更多的资源。

2) Linux 类物联网系统

人们通常所说的 Linux 大多数时候是指 Linux 内核,但只有内核并不是一个完整的操作系统。实际上,Linux 是一套开放源代码、可以自由传播的类 Unix 操作系统。它是一个基于 POSIX 的多用户、多任务并且支持多线程和多 CPU 核心的操作系统。人们常说的 Linux 系统包含 Linux 内核、GNU 项目组件和应用程序(数据库、网络、图形界面、音频等)等。

Linux 内核最初是由林纳斯·托瓦兹(Linus Torvalds)在赫尔辛基大学读书时出于个人爱好而编写的,当时他觉得教学用的迷你版 UNIX 操作系统 Minix 太难用了,于是决定自己开发一个操作系统。自从托瓦兹于 1991 年底发布了 Linux 内核的 0.02 版本之后,全世界的开源爱好者们共同推进着 Linux 系统的发展。

除了在服务器、大数据、人工智能等领域的广泛应用,在国内物联网操作系统被广泛应用之前,Linux 是物联网应用中使用最广泛的操作系统。Linux 系统一般都比较大,为了适应物联网领域的应用场景,很多开源组织和商业公司对 Linux 进行了裁剪,RT Linux 和 μCLinux 是两个比较有代表性的基于 Linux 的物联网操作系统:

3) μCLinux(Micro Control Linux)

μCLinux 是 Lineo 公司的主打产品,同时也是开放源码的嵌入式 Linux 的典范之作。它是从 Linux 2.0/2.4 内核派生而来,沿袭了 Linux 的绝大部分特性。它是专门针对没有 MMU(内存管理单元)的 CPU,并且为嵌入式系统做了许多小型化的工作。它通常用于具有很少内存或 Flash 的嵌入式操作系统。在 GNU 通用许可证的保证下,运行 μCLinux 操作系统的用户可以使用几乎所有的 Linux API 函数。由于经过了裁剪和优化,它形成了一个高度优化、代码紧凑的嵌入式 Linux。它具有体积小、稳定、良好的移植性、优秀的网络功能、完备的对各种文件系统的支持以及丰富的 API 函数等优点[71]。

4) RT Linux(AReal-Time Linux)

RT Linux 是一个硬实时操作系统(RTOS)微内核,它以完全抢占式进程的方式运行整个 Linux 操作系统。最初由新墨西哥矿业及科技学院的科学家开发,现在已被美国风河系统公司收购。RT Linux 是将 Linux 的内核代码做了一些修改,将 Linux 本身的任务以及 Linux 内核作为优先级很低的任务,而将负责物联网应用的实时任务作为优先级最高的任务来执行。这样就可以既享受到 Linux 丰富的软硬件生态的便利性,也能满足业务层对实时性的需求。

3.3.3.4 分布式操作系统

分布式操作系统用于管理物联网中的分布式系统,其中多个设备或节点协同工作。这些操作系统提供了任务分配、数据同步、协同处理和故障容错等功能,以实现分布式系统的高效运行。它们通常用于物联网应用中的边缘计算和集群系统。

CTWing 是中国电信物联网能力的统一数字开放平台,是中国电信"云改数转"战略的底座平台,汇聚了中国电信云网融合能力、全连接管理、设备管理、城市感知、端到端安全以及 AI/区块链/大数据等综合能力,为产业数字化转型服务。

中国电信将物联网与 5G、AI、边缘计算、区块链、大数据等新技术深度融合,为客户提供差异化、个性化、敏捷化的 AIOT"平台+应用"服务,打造中国电信面向客户、行业、生态开放统一的物联网能力窗口。

目前,中国电信 CTWing 平台已服务近 3 亿物联网用户,其中 5G NB-IoT 用户规模超 1 亿。基于 CTWing 平台的物联网设备连接超 8000 万,涵盖智慧城市、智慧交通、智能制造、社会民生等领域,平台月均调用次数近 200 亿次;拥有品类丰富的物联网终端市场[72]。

3.4 鸿蒙系统

3.4.1 鸿蒙系统生态

鸿蒙系统(OpenHarmony)是由开放原子开源基金会(OpenAtom Foundation)孵化及运营的开源项目,目标是面向全场景、全连接、全智能时代,基于开源的方式,搭建一个智能终端设备操作系统的框架和平台,促进万物互联产业的繁荣发展。

在鸿蒙系统生态中,有三个核心的成员,分别是 OpenHarmony(开源鸿蒙)、LiteOS(轻量级物联网操作系统)和 HarmonyOS(鸿蒙操作系统),三者的关系如图 3-17 所示。

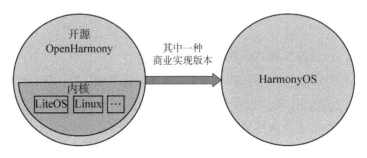

图 3-17　OpenHarmony 生态关系

OpenHarmony 是这一套操作系统生态的顶层设计,属于设计的理想形态和抽象概念,其中各部分可以由多种方式实现。LiteOS 就是其中一种内核的实现形态。基于 OpenHarmony 的设计,其中一个商业化的实现版本就是 HarmonyOS。华为是 OpenHarmony 开源项目的共建者,也是共享者之一,其基于 OpenHarmony 2.0 开发的商用版本为 HarmonyOS 2。此外,OpenHarmony 是一款支持多种设备类型的开源分布式操作系统,包括手机、平板、穿戴设备、智能家居设备、车载娱乐系统以及 IoT 等。

OpenHarmony 是 HarmonyOS 的社区开源版本,与谷歌公司的 AOSP(Android 开源项目)的作用是一致的。

OpenHarmony 项目由开放原子开源基金会负责社区化开源运营,HarmonyOS 是华为公司基于 OpenHarmony 开源版定制开发的商用发行版。开放原子开源基金会成立的目的是支持更多企业基于 OpenHarmony 定制开发自己的商用发行版本。

3.4.1.1　开放原子开源基金会简介

开放原子开源基金会是在民政部注册的致力于开源产业公益事业的非营利性独立法人机构。开放原子开源基金会的服务范围包括开源软件、开源硬件、开源芯片及开源内容等,为各类开源项目提供中立的知识产权托管,保证项目的持续发展不受第三方影响,通过开放治理寻求更丰富的社区资源的支持与帮助,包括募集并管理资金,提供法律、财务等专业支持。

值得注意的是,与老牌的开源组织 Apache 软件基金会对比,两者的领域和关注点存在一定差异。Apache 软件基金会主要关注各种不同领域的开源项目,包括网络、大数据、机器学习、数据库、Web 服务等。它的项目范围非常广泛,提供项目孵化、基础设施支持、知识共享和法律保护等方面的帮助。而开放原子开源基金会主要关注云原生计算和容器技术,致力于构建和维护与这些领域相关的项目,以帮助企业在云环境中更有效地部署和管理应用程序。

除了 OpenHarmony 项目以外,开放原子开源基金会还有开源大师兄(OpenHarmony 作为内核)、XuperCore、Pika、TencentOS Tiny、AliOS Things、Vearch、RT-Thread Nano、UBML、OpenKona 等孵化期项目以及 TKEStack、OpenCloudOS、MiniBlink、Taro、ZTDBP、openDACS、QUICKPOOL、玲珑、OpenTenBase 等孵化筹备期项目。

3.4.1.2 OpenHarmony 介绍

OpenHarmony 实际上由 3 个部分组成:OpenHarmony(开源鸿蒙操作系统),包括 HMS(华为移动服务)在内的闭源应用与服务以及其他开放源代码。

华为手机操作系统包括 OpenHarmony(开源免费)+HMS(华为移动服务,商用收费),HMS 是对标谷歌 GMS 的商业产品,用于支持华为手机 App 的开发。为了兼容现有的 Android(安卓系统)生态,HMS 的许多接口设计尽量兼容 GMS。

华为最先研发的商用操作系统,用在其生产的手机等智能设备上,最早并不开源。HarmonyOS 的发展历程如图 3-18 所示。

图 3-18　HarmonyOS 发展历程

2020 年 9 月 10 日，华为将 HarmonyOS 2.0 源码捐赠给开放原子开源基金会孵化，并为其命名为 OpenHarmony 1.0，通过 Gitee 托管代码对外开放下载。OpenHarmony 开源项目主要遵循 Apache 2.0 等商业友好的开源协议，所有企业、机构与个人均可基于 OpenHarmony 开源代码开发自己的商业发行版，OpenHarmony 的发展历程如图 3-19 所示。

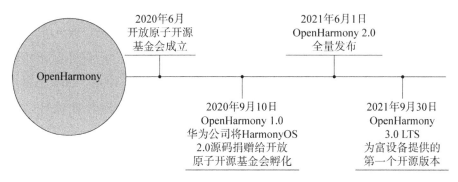

图 3-19　OpenHarmony 发展历程

3.4.2　LiteOS

3.4.2.1　LiteOS 简介

LiteOS 是华为开发的轻量级实时操作系统，也是开源的物联网操作系统，遵照三句版 BSD 许可协议发布，并符合可移植操作系统接口标准（见图 3-20）。

图 3-20　LiteOS 简介

该操作系统项目支持 ARM（M0/3/4/7、A7/17/53、ARM9/11）、x86、RISC-V 等不同架构的单片机，是华为"1＋8＋N"全场景物联网解决方案的一部分，已在多个开源开发套件和行业产品中推介。

LiteOS 曾经用于华为及其荣耀品牌的智能手表，并于 2021 年 6 月整合到面向物联网的鸿蒙操作系统中。

华为 LiteOS 自在开源社区发布以来，围绕 NB-IoT 物联网市场从技术、生态、解决方案、商用支持等多维度使能合作伙伴,构建开源的物联网生态(见图 3-21),目前已经聚合了 30＋ MCU 和解决方案合作伙伴,并推出一批开源开发套件和行业解决方案,帮助众多行业客户快速地推出物联网终端和服务,为开发者提供"一站式"完整软件平台,有效降低了开发门槛、缩短了开发周期,使得硬件开发更为简单。客户涵盖抄表、停车、路灯、环保、共享单车、物流等众多行业。

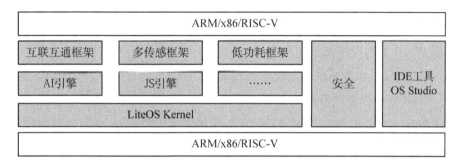

图 3-21 LiteOS 产品架构

3.4.2.2 LiteOS 的特点和优势

(1) 超小内核。

(2) 高实时性,高稳定性。

(3) 低功耗。

(4) 支持功能静态裁剪。

(5) 支持动态加载、分散加载。

与正常的操作系统内核一样,LiteOS 同样包括任务管理、内存管理、时间管理、通信机制、中断管理、队列管理、事件管理、定时器等操作系统基础组件,可以单独运行。

3.4.2.3 LiteOS SDK

LiteOS SDK 是华为 LiteOS 软件开发工具包(Software Development Kit),包括端云互通组件、FOTA、JS 引擎、传感器框架等内容。

LiteOS SDK 端云互通组件提供端云协同,集成了 LwM2M、CoAP、mbed TLS、LwIP 等全套 IoT 互联互通协议栈,且在 LwM2M 的基础上,提供端云互通组件开放 API,用户只需关注自身的应用,直接使用 LiteOS SDK 端云互通组件封装的 API,通过四个步骤就能简单快速地实现与华为 OceanConnect IoT 平台安全可靠连接。使用 LiteOS SDK 端云互通组件,用户可以聚焦自己的业务开发,快速构建自己的产品,减少开发周期。

3.4.2.4　LiteOS 的应用场景

1) LiteOS 在智能家居领域的应用

智能家居是 LiteOS 在实际应用中的主要场景之一。LiteOS 支持多种智能家居协议,如 zigbee、BLE、Z-Wave 等,可轻松实现智能灯光、安防、电器等设备的联网控制。同时,LiteOS 还提供了语音识别、触屏交互等功能,扩展了智能家居产品的应用场景和功能。

2) LiteOS 在智慧城市建设中的作用

LiteOS 在智慧城市建设中发挥着越来越重要的作用。在城市管理和监测方面,LiteOS 可支持多种传感器网络,实现环境质量监测、交通流量统计等功能。另外,LiteOS 还支持 GPS、北斗导航等定位技术,可以为城市的应急救援、旅游导航等提供技术支持。

3.4.2.5　LiteOS 的未来发展方向

华为官方表示,LiteOS 将继续在物联网领域深耕,不断完善系统功能,提升系统的可靠性和安全性。同时,LiteOS 将进一步拓展应用场景,包括汽车、智能医疗、智能农业等领域,为物联网产业的健康发展贡献力量。

3.4.2.6　LiteOS 的各个版本

OpenHarmony LiteOS-A 内核是基于华为 LiteOS 内核演进发展的新一代内核,华为 LiteOS 是面向 IoT 领域构建的轻量级物联网操作系统。在 IoT 产业高速发展的潮流中,OpenHarmony LiteOS-A 内核能够带给用户小体积、低功耗、高性能的体验,具备统一开放的生态系统能力,其新增了丰富的内核机制、具有更加全面的 POSIX 标准接口以及统一驱动框架 HDF (OpenHarmony Driver Foundation)等,为设备厂商提供了更为统一的接入方式,为 OpenHarmony 的应用开发者提供了更友好的开发体验。图 3-22 为 OpenHarmony LiteOS-A 内核架构。

OpenHarmony LiteOS-A 内核支持 Hi3516DV300 单板。开发者可基于此单板开发运行自己的应用程序。

OpenHarmony LiteOS-M 内核是面向 IoT 领域构建的轻量级物联网

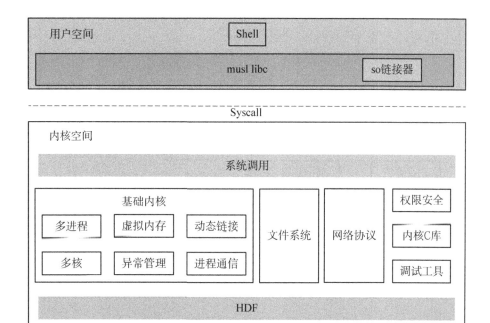

图 3-22　OpenHarmony LiteOS-A 内核架构图[73]

操作系统内核,具有小体积、低功耗、高性能的特点。其代码结构简单,主要包括内核最小功能集、内核抽象层、可选组件以及工程目录等。支持驱动框架 HDF(Hardware Driver Foundation),统一驱动标准,为设备厂商提供了更统一的接入方式,使驱动更加容易移植,力求做到一次开发,多系统部署。

OpenHarmony LiteOS-M 内核架构包含硬件相关层以及硬件无关层,其中硬件相关层按不同编译工具链、芯片架构分类,提供统一的 HAL(Hardware Abstraction Layer)接口,提升了硬件易适配性,满足 AIoT 类型丰富的硬件和编译工具链的拓展;其他模块属于硬件无关层,其中基础内核模块提供基础能力,扩展模块提供网络、文件系统等组件能力,还提供错误处理、调测等能力,KAL(Kernel Abstraction Layer)模块提供统一的标准接口。图 3-23 为 OpenHarmony LiteOS-M 内核架构形式。

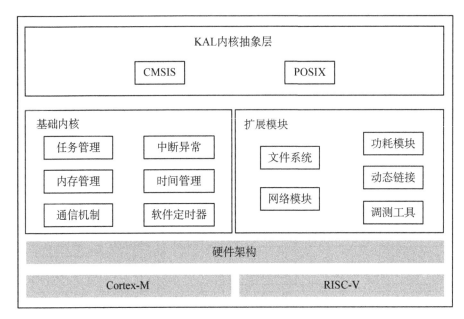

图 3-23　OpenHarmony LiteOS-M 内核架构[74]

3.4.3　LiteOS 内核

3.4.3.1　LiteOS 内核架构

华为 LiteOS 基础内核包括不可裁剪的极小内核和可裁剪的其他模块。极小内核包含任务管理、内存管理、中断管理、异常管理和系统时钟。可裁剪的模块包括信号量、互斥锁、队列管理、事件管理、软件定时器等。华为 LiteOS 支持 UP(单核)与 SMP(多核)模式,即支持在单核或者多核的环境上运行。

3.4.3.2　LiteOS 各模块简介

(1) 任务管理。提供任务的创建、删除、延迟、挂起、恢复等功能,以及锁定和解锁任务调度。支持任务按优先级高低的抢占调度以及同优先级时间片轮转调度。

(2) 内存管理。提供静态内存和动态内存两种算法,支持内存申请、释放。目前支持的内存管理算法有固定大小的 BOX 算法、动态申请的 bestfit 算法和 bestfit_little 算法。提供内存统计、内存越界检测功能。

（3）硬件相关。提供中断管理、异常管理、系统时钟等功能。中断管理，提供中断的创建、删除、使能、禁止、请求位的清除功能。异常管理，系统运行过程中发生异常后，跳转到异常处理模块，打印当前发生异常的函数调用栈信息，或者保存当前系统状态。

系统时钟，Tick 是操作系统调度的基本时间单位，对应的时长由每秒Tick 数决定，由用户配置。

（4）IPC 通信。提供消息队列、事件、信号量和互斥锁功能。支持消息队列的创建、删除、发送和接收功能。支持读事件和写事件功能。支持信号量的创建、删除、申请和释放功能。支持互斥锁的创建、删除、申请和释放功能。

（5）软件定时器。软件定时器提供了定时器的创建、删除、启动、停止功能。

（6）自旋锁。多核场景下，支持自旋锁的初始化、申请、释放功能。

（7）低功耗。一个是 Run-stop，即休眠唤醒，是华为 LiteOS 提供的保存系统现场镜像以及从系统现场镜像中恢复运行的机制。

一个是 Tickless，即通过计算下一次有意义的时钟中断的时间，来减少不必要的时钟中断，从而降低系统功耗。打开 Tickless 功能后，系统会在 CPU空闲时启动 Tickless 机制。

（8）维测。包括 CPU 占有率、Trace 事件跟踪、LMS、Shell 等。CPU 占用率，指可以获取系统或者指定任务的 CPU 占用率。Trace 事件跟踪，指实时获取事件发生的上下文，并写入缓冲区。支持自定义缓冲区，跟踪指定模块的事件，开启/停止 Trace，清除/输出 Trace 缓冲区数据等。LMS，即实时检测内存操作合法性。LMS 能够检测的内存问题包括缓冲区溢出（buffer overflow）、释放后使用（use after free）、多重释放（double free）和释放野指针（wild pointer）。Shell，华为 LiteOS Shell 使用串口接收用户输入的命令，通过命令的方式调用、执行相应的应用程序。华为 LiteOS Shell 支持常用的基本调试功能，同时支持用户添加自定义命令。

（9）C++支持。华为 LiteOS 支持部分 STL 特性、异常和 RTTI 特性，其他特性由编译器支持。

3.4.3.3　使用约束

华为 LiteOS 提供一套自有 OS 接口，同时也支持 POSIX 和 CMSIS 接口。请勿混用这些接口。例如，用 POSIX 接口申请信号量，但用华为 LiteOS 接口释放信号量，可能导致不可预知的错误。开发驱动程序只能用华为 LiteOS 的接口，上层 APP 建议用 POSIX 接口。

3.4.4 HarmonyOS

3.4.4.1 HarmonyOS 简介

HarmonyOS 是一款面向万物互联时代的、全新的分布式操作系统。在传统的单设备系统能力基础上，HarmonyOS 提出了基于同一套系统能力、适配多种终端形态的分布式理念，能够支持手机、平板、智能穿戴、智慧屏、车机等多种终端设备，提供全场景（移动办公、运动健康、社交通信、媒体娱乐等）业务能力。

对于物联网设备，已知该系统基于 LiteOS 核心；而对于智能手机和平板电脑，系统基于 Linux 内核层并运行 AOSP。此外，它还运行 OpenHarmony 兼容层，以通过方舟编译器支持原生 HarmonyOS HAP 应用程序。

3.4.4.2 HarmonyOS 功能

随着以"超高网速、低延时高可靠、低功率海量连接"为特征的 5G 万物互联技术的到来，传统的面向单一设备的开源操作系统 Android 和闭源操作系统 iOS 很难满足人们在不同场景下的需求，在产业层面亟须一款专门为 5G 定制的操作系统来推动产业的长远发展。

在 5G 技术的大背景下，物联网、移动计算、智能家居、智能手机、可穿戴设备、智慧城市、无人驾驶汽车、智慧医疗、VR（虚拟现实技术）等被认为是受益最大的领域。目前，公认的 5G 技术适用的三大应用场景为 mMTC（超高带宽引领下的智能物联网产业）、eMBB（超高清流媒体引领下的视频流产业）、uRLLC（需要 5G 高效低时延特点的产业，如车联网、自动化产业等）。

针对未来的 5G 技术发展，华为制定了"1＋8＋N 的 5G 全场景战略"，"1"代表智能手机，"8"代表大屏、音箱、眼镜、手表、车机、耳机、平板、PC，"N"代表泛 IoT 设备。华为将围绕着智能家居、穿戴、办公、影音、娱乐等，致力于搭建一套更加完善的 5G 服务生态体系。

3.4.4.3 HarmonyOS 的技术特性和优势

HarmonyOS 具有三大技术特性：一是硬件互助，资源共享（分布式架构);二是统一 OS,弹性部署(系统可裁剪);三是一次开发,多端部署(一套代码适配各种终端)。

1) 硬件互助,资源共享

如图 3-24 所示,HarmonyOS 基于分布式软总线技术,结合分布式设备虚拟化平台实现不同设备的资源融合、设备管理、数据处理,使多种设备共同形成一个超级虚拟终端。

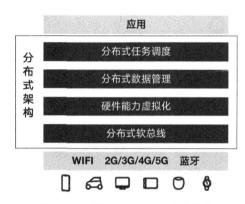

图 3-24　HarmonyOS 分布式架构

分布式数据管理位于基于分布式软总线之上的能力,实现了应用程序数据和用户数据的分布式管理。用户数据不再与单一物理设备绑定,业务逻辑与数据存储分离,应用跨设备运行时数据无缝衔接,为打造一致、流畅的用户体验创造了基础条件。

分布式任务调度基于分布式软总线、分布式数据管理、分布式 Profile 等技术特性,构建统一的分布式服务管理机制,支持对跨设备的应用进行远程启动、远程调用、绑定/解绑,以及迁移等操作,能够根据不同设备的能力、位置、业务运行状态、资源使用情况并结合用户的习惯和意图,选择最合适的设备运行分布式任务。分布式设备虚拟化平台可以实现不同设备的资源融合、设备管理、数据处理,将周边设备作为手机能力的延伸,共同形成一个超级虚拟终端。

跨设备运行时数据无缝衔接,为打造一致、流畅的用户体验创造了基础条件。

2）统一 OS，弹性部署

如图 3-25 所示，HarmonyOS 通过组件化和小型化等设计方法，支持多种终端设备按需弹性部署，能够适配不同类别的硬件资源和功能需求。支撑通过编译链关系去自动生成组件化的依赖关系，形成组件树依赖图，支撑产品系统的便捷开发，从而降低硬件设备的开发门槛。

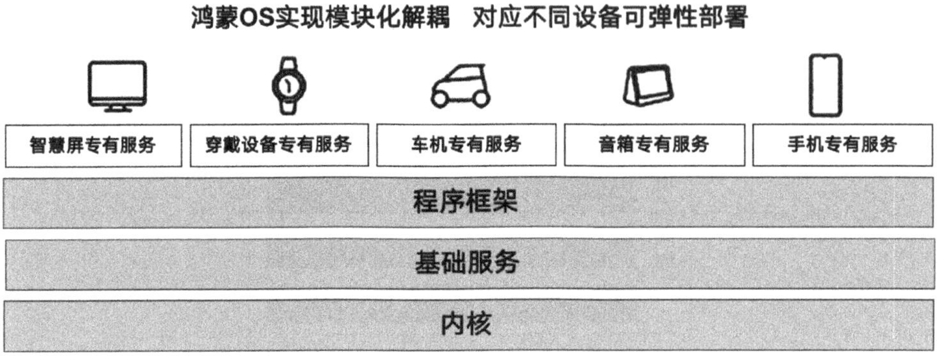

鸿蒙OS实现模块化解耦 对应不同设备可弹性部署

智慧屏专有服务	穿戴设备专有服务	车机专有服务	音箱专有服务	手机专有服务

程序框架
基础服务
内核

图 3-25　HarmonyOS 系统可裁剪

HarmonyOS 通过组件化和组件弹性化等设计方法，做到硬件资源的可大可小，在多种终端设备间，按需弹性部署，全面覆盖了 ARM、RISC V、x86等各种 CPU，从百 KiB 到 GiB 级别的 RAM。

HarmonyOS 支持多种组件配置方案，实现了组件可选、组件内功能集可选、组件间依赖关系可关联。

3）一次开发，多端部署

如图 3-26 所示，HarmonyOS 提供了用户程序框架、Ability 框架及 UI框架，支持在应用开发过程中对多终端的业务逻辑和界面逻辑进行复用，能够实现应用的一次开发、多端部署，提升了跨设备应用的开发效率。

多终端软件平台 API 具备一致性，确保用户程序的运行兼容性。

3.4.5　HarmonyOS 技术架构

HarmonyOS 整体的分层结构自下而上依次为内核层、系统服务层、应用框架层、应用层。HarmonyOS 基于多内核设计，系统功能按照"系统→子系统→功能/模块"逐级展开，在多设备部署场景下，各功能模块组织符合"抽屉

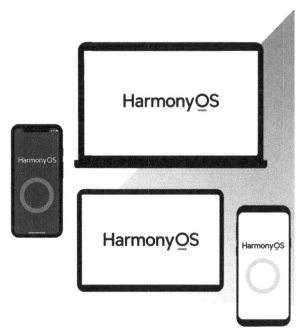

图 3-26 HarmonyOS 一套代码多端运行

式"设计,即功能模块采用 AOP(面向切面编程)的设计思想,可根据实际需求裁剪某些非必要的子系统或功能/模块,如图 3-27 所示。

1) 内嵌层

HarmonyOS 实现了模块化耦合,对应不同设备可实现弹性部署,使其可以方便、智能地适配 GB、MB、KB 等由低到高的不同内存规模设备,可以便捷地在诸如手机、智慧屏、车机、穿戴设备等 IoT 设备间实现数据的流转与迁移,同时兼具了小程序的按需使用,过期自动清理的突出优点。

内核层基于 Linux 系统设计,主要包括内核子系统和驱动子系统。

(1) 内核子系统。HarmonyOS 采用多内核设计,支持针对不同资源受限设备选用适合的 OS 内核。KAL(内核抽象层)通过屏蔽多内核差异,对上层提供基础的内核能力,包括进程/线程管理、内存管理、文件系统、网络管理和外设管理等。

(2) 驱动子系统。包括 HarmonyOS 驱动框架(HDF)。HarmonyOS 驱动框架是 HarmonyOS 硬件生态开放的基础,提供了统一的外设访问能力和驱动开发、管理框架。

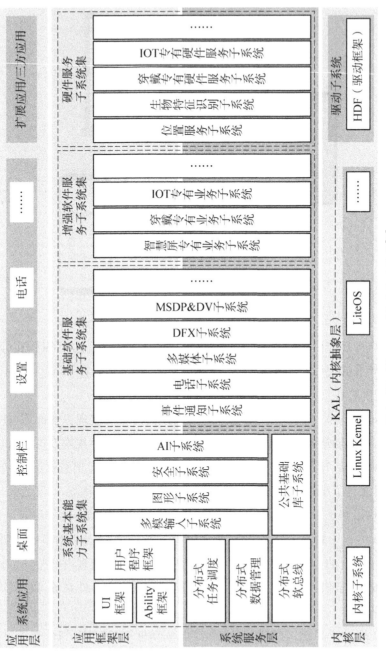

图3-27 HarmonyOS 的分层结构[75]

2）系统服务层

系统服务层是 HarmonyOS 的核心能力集合，通过框架层对应用程序提供服务。该层包含以下几个部分。

（1）系统基本能力子系统集。为分布式应用在 HarmonyOS 多设备上的运行、调度、迁移等操作提供了基础能力，由分布式软总线、分布式数据管理、分布式任务调度、方舟多语言运行时、公共基础库、多模输入、图形、安全、AI 等子系统组成。其中，方舟多语言运行时提供了 C/C++/JavaScript 多语言运行时和基础的系统类库，也为使用自研的方舟编译器静态化的 Java 程序（应用程序或框架层中使用 Java 语言开发的部分）提供运行时。

（2）基础软件服务子系统集。为 HarmonyOS 提供了公共的、通用的软件服务，由事件通知、电话、多媒体、DFX、MSDP&DV 等子系统组成。

（3）增强软件服务子系统集。为 HarmonyOS 提供了针对不同设备的、差异化的能力增强型软件服务，由智慧屏专有业务、穿戴专有业务、IoT 专有业务等子系统组成。

（4）硬件服务子系统集。为 HarmonyOS 提供了硬件服务，由位置服务、生物特征识别、穿戴专有硬件服务、IoT 专有硬件服务等子系统组成。

根据不同设备形态的部署环境，基础软件服务子系统集、增强软件服务子系统集、硬件服务子系统集内部可以按子系统粒度裁剪，每个子系统内部又可以按功能粒度裁剪。

3）架构层

框架层为 HarmonyOS 的应用程序提供了 Java/C/C++/JavaScript 等多语言的用户程序框架和 Ability 框架，以及各种软硬件服务对外开放的多语言框架 API；同时为采用 HarmonyOS 的设备提供了 C/C++/JavaScript 等多语言的框架 API，但不同设备支持的 API 与系统的组件化裁剪程度相关。

4）应用层

应用层包括系统应用和第三方非系统应用。HarmonyOS 的应用由一个或多个 FA（Feature Ability）或 PA（Particle Ability）组成。其中，FA 有 UI 界面，提供与用户交互的能力，而 PA 无 UI 界面，提供后台运行任务的能力及统一的数据访问抽象。基于 FA/PA 开发的应用，能够实现特定的业务功能，支持跨设备调度与分发，为用户提供一致、高效的应用体验。

实践：OpenHarmony 系统案例

先学习本章中对 OpenHarmony 生态的介绍，再通过其官方网站（www. openharmony. cn）进一步了解其开发案例。在此基础上，尝试对一个应用开发案例或设备开发案例进行调研，掌握 OpenHarmony 技术特性、开发平台、运行逻辑、技术原理等。

第 *4* 章
智慧校园关键技术

打造智慧校园即运用信息技术手段,将教学、管理、服务等各方面内容进行信息化建设,实现校园的信息化和智能化发展,这是教育现代化的重要标志之一。具体来说,智慧校园利用现代信息技术手段,将校园内的各种资源进行整合、优化和共享,实现教育教学、管理服务、科学研究等方面的智能化、数字化、网络化和信息化。智慧校园的建设可以提高教育教学质量和效率,促进学校管理水平的提高,推动教育信息化进程,进而实现环境智能、管理智能、教学智能、学习智能、评价智能、教研智能、科研智能、文化与服务智能,并通过学校教育数据实现教学管理、促进学生成长、教师专业发展、构建学校教育数据体系。同时关注相关人员的数字素养和技能培养,保障各地智慧校园特色发展。

4.1 基础设施建设

4.1.1 网络基础设施及其建设标准

1) 网络基础设施建设

智慧校园的网络基础设施建设是智慧校园建设的重要组成部分,它包括了互联网、移动通信、卫星通信等一系列的设施。

互联网作为全球信息传输的主要载体,在智慧校园中扮演着至关重要的角色。智慧校园中的互联网基础设施主要包括网络硬件设备、软件系统、数据存储和处理等部分。其中,网络硬件设备主要包括服务器、路由器、交换机等设备;软件系统则包括操作系统、数据库管理系统、应用软件等;数据存储和处理方面则涉及数据中心、云平台等技术。这些设施的建设和应用,可以为师生提供更加便捷高效的网络服务,促进教育教学的创新和发展。

移动通信也是智慧校园中不可或缺的一部分。通过移动设备,师生可以随时随地获取所需的信息和资源,实现移动学习和远程教育。智慧校园中的移动通信基础设施主要包括无线接入网、核心网络、终端设备等部分。其中,无线接入网主要负责信号的传输和接收,核心网络则负责数据的传输和处理,终端设备则包括手机、平板电脑等。这些设施的建设和应用,可以满足师生的移动学习需求,提高教育教学的效率和质量。

卫星通信在智慧校园中也有着广泛的应用。通过卫星通信技术,可以实现远程教育和在线教育,为师生提供更加便捷高效的学习方式。智慧校园中的卫星通信基础设施主要包括卫星星座、地面站等部分。其中,卫星星座是用于实现全球通信的一组卫星,地面站则是用于管理和控制这些卫星的设备。这些设施的建设和应用,可以为师生提供更加广阔和便捷的学习空间,促进教育教学的创新和发展。

除了上述三种主要的网络基础设施外,还有一些其他的设施和技术也是智慧校园网络建设的重要组成部分,比如网络安全设施、云计算设施、物联网设施等。这些设施和技术的应用和发展,将会进一步推动智慧校园网络基础设施的建设和发展。

2)网络基础设施建设标准

网络基础设施建设标准是指在设计、建设和运营网络基础设施时需要遵循的一系列规范和标准。这些标准的制定和实施需要与相关的技术规范、法规和行业标准相结合,确保网络基础设施的安全、可靠和可管理性。其中防火控温是其中一个重要的标准之一。以下以防火控温为例说明网络基础设施建设标准中的一些要点。

(1)防火墙。防火墙是网络基础设施中的一项重要设备,用于监控和过滤网络流量,保护网络免受恶意攻击和未经授权的访问。防火墙需要按照相关标准进行配置和管理,确保其正常运行并提供有效的安全防护。

（2）火灾报警系统。网络基础设施建设中应配置火灾报警系统，用于及时火灾发现和报警。火灾报警系统应符合相关的安全标准，包括安装位置、传感器类型、联动控制等要求。

（3）防火隔离和防火墙规则。网络基础设施中的各个网络区域应进行防火隔离，确保一旦发生火灾，可以最大限度地减少火势蔓延的范围。此外，防火墙规则的设置也是重要的一环，需要根据实际情况设置合理的规则，限制不必要的网络流量和访问。

（4）温度监测和控制。网络设备和服务器房等关键区域应配置温度监测设备，实时监测温度变化。同时，需要设置温度控制系统，确保温度在安全范围内。温度监测和控制设备应符合相关的安全标准，并进行定期维护和检测。

（5）灭火系统。网络基础设施中的关键区域应配置灭火系统，用于在发生火灾时进行灭火。灭火系统应符合相关的安全标准，包括灭火剂种类、灭火设备的布置和使用方法等。

4.1.2 数据中心

数据中心是智慧校园建设中非常关键的角色，在学校的数字化、智慧化运行中发挥着至关重要的作用。

数据中心建设主要有四个方面的内容（见图4-1）。基础设施建设，包括机房建设、网络建设、电力供应等；数据存储和管理，包括数据存储、运维管理、性能管理等；数据处理和分析，包括数据分析、数据挖掘等；安全管理，包括物理安全、网络安全和数据备份与恢复等。

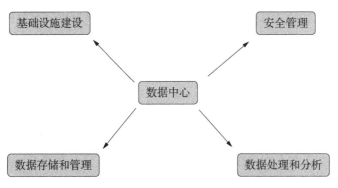

图4-1　数据中心建设

1）基础设施建设

数据中心的建设需要具备一定的基础配置，包括必要的机房建设、网络建设和电力供应等。机房中应当架设与学校服务体量相当的服务器和存储设备，以供应数据存储和处理的需求。网络建设应当与网络基础设施之间规划顺畅的接口体系，保障智慧应用可以在合规基础上便捷地获取相应的数据和能力。电力供应在数据存储中至关重要，应当考虑电力供应应急预案，根据数据重要性确立风险等级并确保核心数据的安全。

2）数据存储和管理

数据的存储和管理需要充分考虑到未来数据容量的规划，通过预测和分析数据增长趋势，规划和调整数据中心的资源分配。在运维管理方面，应当对实体资产和数字资产建立有效的监管体系，确保数据中心运营的稳定和高效。同时使用性能监控工具持续跟踪分析服务器和存储设备的性能指标，及时发现设备故障并解决。

3）数据处理和分析

在数据中心建立基本的数据分析和数据挖掘的能力，意味着数据中心的服务器能够保障一定的算力资源，供实时或定期进行智慧校园数据处理。同时，数据中心的职责也包括为数据用户提供技术支持与培训服务，帮助有关部门善用校园数据，提升校园智慧能力。

4）安全管理

数据中心的安全建设应当充分考虑物理安全、网络安全和数据备份与恢复。在物理安全方面可以通过监控摄像头、入侵检测等方式确保物理环境等的完整性和保密性。网络安全方面可以通过防火墙、虚拟网络等方式对外部网络攻击做安全防护，防止数据泄露。数据备份与恢复可以根据不同的数据重要性确定风险等级，针对不同的数据使用状况采用不同的预案机制。

4.1.3 网络应用服务

1）学校网络应用服务建设

网络应用服务作为学校信息化建设的核心，为师生提供各种数字化服务和应用支持，促进了教育教学、管理服务和科学研究的信息化、智能化和便捷化。

网络应用服务建设主要包括以下四个方面：教育教学服务，包括在线教学、远程教育、虚拟实验室等；管理服务，包括学生信息管理、教务管理、财务管理等；科研服务，包括文献检索、科研数据管理、科研项目管理等；其他服务，包括校园网门户、移动 APP、社交网络等。

在教育教学服务方面，网络应用服务可以为师生提供丰富的数字化教育资源和在线学习平台，实现个性化学习和远程教育。在管理服务方面，网络应用服务可以提供高效的信息管理和数据分析工具，提高学校管理的效率和精度。在科研服务方面，网络应用服务可以支持教师和学生的科研活动，促进科研成果的共享和交流。在其他服务方面，网络应用服务可以为师生提供便捷的校园生活服务和社交互动平台，增强校园文化的凝聚力和活力。

总之，智慧校园的网络应用服务建设是学校信息化建设的重要支撑，对于提升学校的教学质量和管理效率、推动学校的智慧化发展具有重要的意义。

2）网络应用服务典型案例

网络应用服务的一个典型应用就是直播课堂，其核心技术为直播推流技术。

直播推流是一种实时把本地的视频内容传输到远程服务器或远程直播平台的技术，通过客户端和服务器之间建立一种真正的双向数据流，来传输实时视频产生的基本过程。

在直播推流的过程中，需要使用一些关键的技术和协议。例如，需要将视频信号进行压缩和封装，常用的协议包括 RTMP、RTSP、HLS 等。

RTMP（Real Time Messaging Protocol）是 Adobe 系统公司为 Flash 播放器和服务器之间音频、视频和数据传输开发的开放协议。该协议基于TCP，是一个协议簇，包括 RTMP 基本协议及 RTMPT/RTMPS/RTMPE 等多种变种。RTMP 是用来进行实时数据通信的网络协议，主要用来在 Flash/AIR 平台和支持 RTMP 协议的流媒体/交互服务器之间进行音视频和数据通信。支持该协议的软件包括 Adobe Media Server、Ultrant Media Server 和red5 等[76]。

RTSP（Real Time Streaming Protocol）是一种网络流媒体传输协议，由实时流协议工作组制定。它定义了音视频数据怎样在 IP 网络上进行传输。RTSP 提供了一个类似于 HTTP 的协议，用于描述和初始化媒体流的交互，但是并不传输实际的数据流。RTSP 可以被看作连接设备和媒体服务器的一个桥梁，它可以使设备如手机、电脑等通过网络来访问和控制媒体服务器。

HLS(HTTP Live Streaming)是由苹果公司开发的动态码率自适应技术，主要用于电脑和苹果终端的音视频服务。HLS 通过一个 m3u(8)的索引文件，将 TS 媒体分片文件和 key 加密串文件进行分片传输。HLS 可以动态地调整视频流的码率，以适应带宽变化，它的兼容性比较广，几乎所有的现代浏览器都支持它。

这些协议能够确保视频数据在传输过程中的稳定性和高效性。同时，为了实现全球范围内的直播，还需要借助 CDN(内容分发网络)来提高视频的播放速度和稳定性。

直播推流对教学也有一定的启发。首先，它可以作为一种教学手段，将现场的教学活动实时传输到更广泛的受众群体中。其次，可以帮助教学机构和教师更好地记录和管理学生的学习过程，学生也可以在课后反复观看学习内容，加深对知识的理解和记忆。最后，还可以促进教学资源的共享和优化，通过将优质的教学资源推送到更多的学生手中，促进教育公平和发展。

直播推流作为一种新的教学方式和工具，能够提高教学质量和效果，对智慧教学起着重要作用。通过直播推流技术，学生可以在第一时间接收到教师授课的视频和音频，并与教师进行互动。教师可以随时提问学生，学生也可以通过弹幕或评论的方式及时回答问题，实现实时的教学互动。直播推流可以用于远程教学，使学生无论身在何处都可以接受到优质的教学资源。例如，偏远地区的学生可以通过直播推流技术，远程参加城市优秀学校的课程，享受优质的教学资源。直播推流技术可以让学生在同一个平台中进行协同学习。教师可以安排学生分组进行讨论或实验，并将讨论或实验的过程通过直播推流技术传输给所有学生，使他们在第一时间掌握到其他小组的学习情况并进行交流。通过直播推流技术，教师可以更有效地把握学生的学习进度和效果。教师可以通过统计数据了解学生的观看情况、学习时长、互动次数等，更好地评估学生的学习效果，并及时调整教学策略。

以腾讯会议为例，它是一种基于云计算的音视频会议软件，可支持 Windows、Mac、Android、iOS 等多种平台，实现多人实时互动交流、屏幕共享等功能。作为一个在线直播授课的工具，教师可以通过腾讯会议进行实时授课，将教学内容以视频或 PPT 的形式呈现给学生。学生可以在第一时间接收到教师授课的视频和音频，也可以随时随地参加课程学习，有极强的实时性和互动性。

而腾讯会议除了可以进行直播授课，还支持学生进行点播。学生可以在任何时间、任何地点，通过互联网访问这些音视频文件进行观看，而不必等待直播的进行。腾讯会议更注重内容的存储和再利用，学生可以根据自己的时间安排和需求自主选择观看内容。

在线教育平台和远程教育技术让优质教育资源不再受地域限制，有助于缩小各大学之间、大学与产业之间以及地区之间的教育差距。

4.2 云计算

4.2.1 什么是云计算

云计算（Cloud Computing）是分布式计算的一种，其通过网络"云"将巨大的数据计算处理程序分解成无数个小程序，然后，通过多部服务器组成的系统处理和分析这些小程序，得到结果，并返回给用户。在云计算的早期阶段，简单地说，就是作分布式计算，解决任务分发，并进行计算结果的合并。因此，云计算也被称为网格计算。这项技术可以在很短的时间内完成对数以万计的数据的处理，从而达到强大的网络服务功能。

现如今所说的云服务已经不仅仅是一种分布式计算，而是分布式计算、效用计算、负载均衡、并行计算、网络存储、热备份冗杂和虚拟化等计算机技术的混合演进和跃升的结果。

云计算是指通过计算机网络形成的计算能力极强的系统，存储、集合相关资源，并根据需求进行配置，向用户提供个性化的服务。

云计算的核心是以互联网为中心，在网站上提供快速且安全的云计算服务与数据存储，让每一个使用互联网的人都能够利用网络上庞大的计算资源和数据中心。

4.2.2 云计算中心

云计算中心的准确称呼应该是云计算数据中心，云计算中心可以视为数据中心的升级版。云计算中心本质上是数据中心的一种,其实现了数据中心的高度虚拟化。

云计算中心是与云计算伴生的一项基于超级计算机系统,对外提供计算资源、存储资源等服务的机构或单位,其以高性能计算机为基础面向各界提供高性能计算服务。

云计算中心可视为一种基于云计算架构的新型数据中心,其通过高度虚拟化各种IT设备,将其变成相应的计算资源、网络资源、存储资源等,并采用相应的技术使得这些资源能够根据互联网上的用户需求自动地对外界分配。

4.2.3　云计算核心技术

云计算是一种基于因特网提供IT资源和功能的计算模式。它以向用户提供软件、平台和基础设施作为服务(SaaS、PaaS和IaaS)的方式。它可以帮助企业提高资源利用率,并显著减少IT运营成本。云计算的主要技术包括虚拟化、自动化和容器化。下面将逐一详细介绍每一项技术。

1) 虚拟化

虚拟化技术是云计算中最基础的技术之一,它为用户提供了虚拟化的计算资源。虚拟化技术通过利用虚拟机技术,将一台物理服务器划分为多个虚拟机,每个虚拟机可以被视为一台独立的计算机,这样就可以充分利用服务器的计算资源,并实现灵活可扩展。虚拟化技术还可以隔离和分离各种操作系统和应用程序,减少物理服务器的购置和维护费用。在虚拟化技术中,常用的虚拟化软件包括VMware、Hyper-V和KVM等。

2) 自动化

自动化技术是云计算中的另一项关键技术。其作用是通过自动化工作流程和任务,提高资源利用率并减少IT部署和管理成本。例如,云计算提供商可以通过自动化管理方案来实现自动化工作流程和任务。这可以由服务器和应用程序自动配置和管理,减少了部署和管理的人力成本。自动化技术还包括自动化监控、自动化弹性伸缩和自动化备份等功能。在云计算服务中,实现自动化技术的工具包括Ansible、Jenkins、Puppet等。

3) 容器化

容器化是近年来云计算中发展较快的技术。容器是一种虚拟化技术,它通过给应用程序提供一个独立的环境和隔离层,使得应用程序可以在不同的云计算平台和操作系统上运行。与虚拟化技术不同,容器化技术不需要操作系统级别的虚拟化,这样可以提高应用程序的性能和运行效率。容器化技术的核心是 Docker,它提供了一个轻量级的容器化运行时,让应用程序可以像运行在本地一样在云计算环境中运行。

综上,虚拟化、自动化和容器化是云计算中的主要技术。虚拟化技术可以将物理服务器划分为多个虚拟机,提高计算资源利用率;自动化技术可以自动化 IT 部署和管理任务,降低管理成本;容器化技术可以提供一个独立的环境和隔离层,使得应用程序可以在不同的云计算平台和操作系统上运行。

4.2.4　云计算与智慧校园

云计算技术具有可拓展、虚拟化、大规模和安全可靠等优势,利用云计算技术可以实现对数据的计算、存储和分配。在智慧校园建设中,利用云计算技术可以实现对校园资源的动态调配,并根据具体需求提供相关服务[77]。

总而言之,随着信息技术和大数据技术的发展,构建信息化、数字化的智慧校园已经成为现代高校发展的必然趋势。云计算和物联网技术使得大量的学习资源可以方便地获取和共享,极大地丰富了学生的学习资源。智慧校园的建设离不开云计算技术、移动互联技术、物联网和大数据技术的支持。因此,在智慧校园建设过程中,高校应充分发挥这四种技术的优势,并利用大数据技术推进决策支持平台、智能提醒平台和一卡通平台的建立。这样不仅有利于提高教学质量和效率,还能为学生未来的发展提供帮助,推动我国人才培养和教育事业的发展。

4.3　大数据技术

4.3.1　什么是大数据

大数据,也被称为巨量资料,因其所涉及的资料量规模巨大到无法透过主流软件工具,在合理的时间内达到收集、管理、处理,并整理成为有助于企业经营决策的信息,它通常被定义为无法在一定时间内用常规软件工具对其内容进行抓取、管理和处理的数据集合。

大数据的核心价值在于对海量数据的存储和分析。它的特性可以概括为5V,即:大量(volume)、多样(variety)、快速(velocity)、价值密度(value)和真实性(veracity)[78]。特别是来自新数据源的数据集,其规模之大令传统数据处理软件束手无策,却能帮助我们解决以往非常棘手的业务难题。当然,数据的真实性和可靠性也同样重要。

数据固然蕴含着价值,但是如果不通过适当方法将其价值挖掘出来,数据就毫无用处。因此,大数据不仅仅是拥有大量的数据,更重要的是如何有效地利用这些数据来为我们提供有价值的信息和洞见。

4.3.2 大数据的组成与架构

大数据的组成和架构是指大数据技术体系的组成部分和整体结构。一般来说,大数据的组成具有四个要素:数据源、数据存储、数据处理和数据分析。而其架构则采用了三层结构,包括数据采集层、数据处理层和数据应用层。下面将从这四个要素和三层结构展开阐述。

大数据组成的四要素:

(1) 数据源。数据源是大数据的基础组成部分。它包括传统的企业内部数据如人事档案、销售订单、生产数据等,以及用户、物联网、社交媒体等外部数据。数据源的形式非常多样,如结构化数据的关系数据库、半结构化数据的 XML、JSON、无结构数据的文本、音频、视频等。数据源的特点是大量、多样且分散。因此,要有效地利用这些数据源,需要先进行数据采集和清洗。

(2) 数据存储。数据存储是大数据的第二个组成部分,用于存储采集到的海量数据。针对不同类型的数据,大数据使用不同的数据存储技术。例如,针对结构化数据,可以使用传统关系型数据库,如 MySQL、Oracle 等;针对非结构化数据,可以使用 NoSQL 数据库,如 MongoDB、Cassandra 等;而针对大数据处理,可以使用分布式文件系统,如 Hadoop 的 HDFS,以及分布式列存储数据库,如 HBase 等。数据存储需要保证数据的高可用性、高安全性、高速度和可扩展性。

(3) 数据处理。数据处理是大数据的重要组成部分,它通过对存储的数据进行分布式处理,对数据进行加工、转换和计算。数据处理的主要方法之一是 MapReduce,它将数据分成小块,然后将每个小块分配给不同的处理器,最后对处理结果进行合并。MapReduce 并行化处理数据,加速了数据处理的速度。除此之外,还有大数据处理的其他技术,如 Spark、Storm 等。这些技术可以通过集群方式进行并行化处理,将大数据处理时间缩短到极短的时间内。

(4)数据分析。数据分析是大数据最重要的应用之一,它基于处理后的数据进行分析,获取数据中潜在的价值信息,以支撑决策制定和业务优化。在数据分析阶段,需要使用数据挖掘、机器学习、深度学习等技术,从数据中挖掘出潜在的信息和规律,并进行数据可视化呈现。数据分析的应用非常广泛,如在金融、医疗、保险、电子商务等领域中,都可以使用数据分析技术进行业务优化和决策制定。

大数据架构的三层结构:

(1)数据采集层。数据采集层是大数据架构的第一层,主要用于采集和存储数据源。在数据采集层,会进行数据采集、数据存储和数据清洗等过程。数据采集层负责将各种形式的数据源收集到一个大型数据仓库或数据湖中,为数据处理和分析提供后续支持。数据采集层通常使用流式处理或批处理的方式进行数据采集和处理。

(2)数据处理层。数据处理层是大数据架构的核心层。它主要负责对采集到的数据进行处理、分析和计算。数据处理层包括数据存储、数据处理和数据计算等几个方面。数据存储主要包括数据仓库、数据湖和分布式文件系统等;数据处理主要包括分布式计算框架、实时计算框架、流式计算框架等;数据计算主要包括机器学习、深度学习、数据挖掘等技术。数据处理层主要实现数据的加工和转换,为数据应用层提供分析数据的结果。

(3)数据应用层。数据应用层是大数据架构的最上层,主要面向企业和用户,提供数据可视化和分析应用程序。数据应用层包括数据分析、数据可视化、数据探索等应用,它们通过在数据处理层上构建应用代码,来实现数据可视化和交互,向用户呈现数据分析结果。数据应用层也可以自动根据数据的历史引用和数据模型来做未来预测分析。

正确应用这些技术和架构,可以更好地实现大数据在企业、政府和社会中的应用。

4.3.3　大数据与分布式计算

大数据技术当中，分布式是非常核心的概念，从存储到计算到分析，大数据处理的整个流程当中，分布式不可或缺。分布式是通过把一组计算机串联起来形成系统，然后将需要处理的大批量数据分散到各个机器上去执行，最后将分别计算的结构进行合并，得出最终结果。而分布式所对应的集中式，就是通过不断增加处理器的数量，来增加单个计算机的处理能力，从而实现处理大批量数据。但是集中式相对于分布式，无疑需要昂贵的成本费用。所以分布式计算的好处就显而易见了。

分布式计算有着可靠性、高容错性，一台服务器的系统崩溃不会影响到其他的服务器。而又因为分布式计算系统可以根据需要增加更多的机器，所以它还有着可扩展性。并且相较于集中式计算机网络集群，它可以提供更高的性能，及更好的性价比。由于它是开放的系统，本地和远程都可以访问。并且分布式的计算，可以调动多台计算机的计算能力，使得它比其他系统有更快的处理速度。

但正因为分布在多台服务器上，其故障排除和诊断问题难度较高。更少的软件支持是分布式计算机系统的主要缺点。安全性问题也不可忽视，开放式系统的特性让分布式计算机系统存在着数据的安全性和共享的风险问题。

4.3.4　大数据与智慧校园

大数据技术是智慧校园建设中不可或缺的关键技术之一。在智慧校园建设中，应用大数据技术能够全面提升高校的教学质量，是高校教育实现信息化过渡的重要体现。[79]在当前阶段，社会经济发展水平不断提升，高素质人才的培养尤为关键。推动智慧校园建设，是优化市场环境、推动人力资源发展的途径之一。[80]而在具体的建设过程中，大数据技术是核心，可以为用户提供个性化交互的信息平台，进而为师生创造更加开放、智能的学习教育环境。

大数据技术在智慧校园中的具体应用有：

（1）一卡通平台。在智慧校园建设中，大量数据是通过刷卡产生的。利用大数据技术和物联网技术将校园卡和手机卡集合成智能化的一卡通，不仅能够有效地提高学校的服务质量，同时也有助于对学生的管理与监督。

（2）决策支持平台。利用云计算技术对学校大数据系统中的数据（财务信息、资产信息、学生信息、教职工信息等）进行分析处理，并形成报表，可为学校政策的制定和未来的发展提供数据支撑。

（3）成绩管控提醒。可利用大数据技术对学生考试成绩、实习成绩、实验成绩等数据进行统计、分析，对成绩下降的学生进行适时提醒。

4.4 人工智能

4.4.1 什么是人工智能

人工智能，即 AI。它是研究、开发用于模拟、延伸和扩展人的智能的理论、方法、技术及应用系统的一门新的技术科学。

人工智能是计算机科学的一个分支，它企图了解智能的实质，并生产出一种新的能以与人类智能相似的方式做出反应的智能机器，该领域的研究包括机器人、语言识别、图像识别、自然语言处理和专家系统等。人工智能自诞生以来发展至今，理论和技术日益成熟，应用领域也在不断扩大，可以设想，未来人工智能带来的科技产品，将会是人类智慧的"容器"。人工智能可以对人的意识、思维的信息过程进行模拟。它不是人的智能，但能像人那样思考、也可能超过人的智能。

4.4.2 人工智能的核心技术与应用领域

人工智能的核心思想在于构造智能的人工系统。人工智能是一项知识工程，它利用机器模仿人类完成一系列的动作。根据其是否能够实现理解、思考、推理、解决问题等高级行为判定其智能程度。

人工智能的核心技术主要包含深度学习、计算机视觉、自然语言处理和数据挖掘等。

1）深度学习

机器学习是实现人工智能的一种重要方法。机器学习的概念来自早期的人工智能研究者，简单来说，机器学习就是使用算法分析数据，并自动归纳总结成模型，最后使用模型做出推断或预测。与传统的编程语言开发软件不同,我们将大量的数据送给机器学习,这个过程叫做"训练"。深度学习的基础是大数据,实现的路径是云计算。只要有充足的数据、足够快的算力,就能得出相对准确的结果。目前,基于大数据、云计算的智能化操作路径,可以在深度神经网络框架下作更好的解释。

(1) 技术原理。首先,构建一个网络并且随机初始化所有连接的权重;其次,将大量的数据情况输入这个网络,由网络处理这些动作并且进行学习;如果这个动作符合指定的动作,将会增强权重,如果不符合,将会降低权重;最后,系统通过如上过程调整权重。在成千上万次的学习之后,系统的表现甚至可能超过人类。

(2) 应用领域。人脸识别可以说是当前深度学习最为成熟的应用之一。人脸识别,是基于人的脸部特征信息进行身份识别的一种技术。它用摄像机或摄像头采集含有人脸的图像或视频流,并自动在图像中对检测到的人脸进行脸部识别。

2) 计算机视觉

计算机视觉(Computer Vision, CV)是指计算机从图像中识别出物体、场景和活动的能力。比如,一些技术能够从图像中检测到物体的边缘及纹理,分类技术可被用作确定识别到的特征是否能够代表系统已知的一类物体。

(1) 技术原理。计算机视觉技术运用由图像处理操作及其他技术所组成的序列来将图像分析任务分解为便于管理的小块任务[81]。

(2) 应用领域。计算机视觉有着广泛的细分应用,如医疗成像分析,用来提高疾病的预测、诊断和治疗水平。同时在安防及监控领域,也有很多的应用。

3) 自然语言处理

自然语言处理(Natural Language Processing, NLP)是计算机科学、人工智能、语言学的综合,其关注计算机和人类(自然)语言之间的相互作用。因此,自然语言处理与人机交互领域相关。目前在自然语言处理方面人类面临很多挑战,包括自然语言理解,和其他涉及自然语言生成方面的问题。

(1) 技术原理。自然语言处理的技术原理包含汉字编码词法分析、句法分析、语义分析、文本生成、语音识别五大类。

（2）应用领域。自然语言处理有着十分广泛的应用场景，包括搜索关键词联想、机器翻译、社交媒体监控、聊天机器人、智能语音助理、语法检查程序、电子邮件过滤等。

4）数据挖掘

数据挖掘（Data Mining, DM）在很多年前就已被提出，随着近几年人工智能领域受到关注，其也开始被人重新提起。数据挖掘是指从大量的数据中通过算法搜索隐藏于其中的信息的过程。数据挖掘通常与计算机科学有关，并通过统计、在线分析处理、情报检索、机器学习、专家系统（依靠过去的经验法则）和模式识别等诸多方法来实现上述目标。

（1）技术原理。对数据库中大量数据进行抽取、转换、分析和其他模型化处理，从中提取关键性数据。

（2）应用领域。数据挖掘主要应用于统计上，基于用户的行为、属性（用户浏览网站产生的数据），通过算法分析和处理，主动发现用户当前或潜在需求，并主动推送信息给用户。例如电商网站的智能推荐。

4.4.3　人工智能在智慧校园建设中的应用

智慧校园是指以促进信息技术与教育教学融合、提高学与教的效果为目的，以物联网、云计算、大数据分析及人工智能等为核心技术，提供一种环境全面感知、智慧型、数据化、网络化、协作型一体化的教学、科研、管理和生活服务，并能对教育教学、教育管理进行洞察和预测的智慧学习环境[82]。

人工智能在智慧校园建设中的应用有：学校门禁、图书借阅、宿舍管理、餐饮收费系统、浴室和水房计费管理系统等。具体参考图 4-2 智慧校园平台应用。

（1）学校门禁。在学校各个大门的人行通道上安装人脸识别门禁终端，连接电控锁控制人行通道门的开、关。所有师生及工作人员事先进行人脸面相的登记，进入学校时由系统进行人脸识别，同时进行体温检测，人脸识别成功且体温正常才会开门允许进入校内。

（2）图书借阅。图书馆的智能借阅，也可以在摄像头和智能平板的帮助下实现。如系统通过人脸识别与数据库学生照片进行比对，判别学生身份，从而自动进行书籍登记借阅[83]。

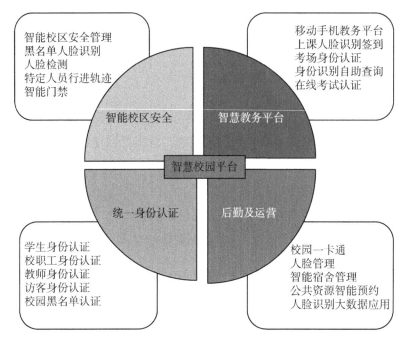

图 4-2　智慧校园平台

（3）宿舍管理。宿舍管理中安全是首要的，包括学生的人身财产安全。可在每个宿舍楼安装人脸识别终端，也可根据实际的应用需求在相应楼层、宿舍安装。学生进入宿舍楼必须进行人脸识别验证，成功后才可以进入。宿舍互访的学生，可凭证件在宿舍楼管理处进行临时性的人脸面相授权，临时性的人脸面相在验证成功一次后失效，确保学生只能在自己的宿舍楼自由出入，保证学生宿舍的安全。

（4）餐饮收费系统。学校各个食堂都可使用餐饮收费系统，用于学生就餐的计费。学生可以在食堂内任何一台 POS 终端机上完成餐饮消费。

（5）浴室和水房计费管理系统。学生进入浴室后，可先将校园卡摆放在出水控制器上，然后由系统根据指令自动出水，同时按一定的费率自动进行收费[84]。

4.4.4　强大的通用人工智能

通用人工智能（AGI）在智慧校园建设中也有着很广泛的应用前景。其应用与其核心技术密切相关。

4.4.4.1　AGI 所涉及的核心技术

1）知识图谱

知识图谱（Knowledge Graph），被图书情报界称为知识域可视化或知识领域映射地图，是显示知识发展进程与结构关系的一系列图形，用可视化技术描述知识资源及其载体，挖掘、分析、构建、绘制和显示知识及它们之间的相互联系[85]。在教育领域，知识图谱是一种以图结构表示知识的方法，可以揭示知识点之间的关系，以及不同知识点之间的联结路径。这种技术可以帮助学习者更好地理解知识，并找到学习的最佳路径。

知识图谱不仅可以将学科知识更加系统化、科学化地呈现出来，还可以丰富、创新教学评价体系，提供可视化反馈，极大地促进教育信息化的发展，提升教学质量和学习效果。

面向智慧教育课程，知识图谱的构建设计包括：

（1）数据收集。即针对相关课程的特点，寻找课程的数据来源。大多数课程知识图谱的数据一方面来自课程领域，如培养方案、教案、教学大纲、教材等，另一方面来自开放领域，如从 MOOC、学堂在线等平台中获取的相关知识。

（2）本体设计。即结合相关课程专业的培养方案，参考教材等，构建本体系统。本体系统应包括课程目标本体、课程知识点本体、课程资源本体三部分。课程目标本体为描述该课程组成原理的课程目标，指导课程知识点的选择和课程资源的引入；在完成教学大纲的前提下，通过课程知识点本体合理取舍教学内容；课程资源本体实现课堂知识与教学实验及试题练习的密切配合，注重各习题与各实验间知识点的衔接。[86]

（3）知识获取与存储。知识获取与存储包括 3 个步骤：知识点抽取与属性定义、知识点间关系抽取、知识图谱可视化。[42]知识点抽取与属性定义是构建课程知识图谱最基础的工作，包括确定概念、组成、功能、原理和指标这 5 类实体类型。此外，对实体的数据属性进行定义，包括"知识编号、知识名称、知识内容、英文表述、分类、学习目标、学习难度、相关资源、前导课程、后续课程"10 个属性类别。

（4）知识加工。知识加工主要包括质量评估和更新维护。质量评估几乎贯穿整个课程知识图谱的应用时期，包括检验知识图谱中课程知识的准确性、知识覆盖的全面性、知识的时效性等。

在面向智慧教育课程的知识图谱构建过程中，难免存在一些问题，如知识图谱中课程本体的设计不够全面，忽略了课程目标的要求以及知识的综合应用，所以我们需要注重知识图谱的开放性和可扩展性。同时，为了确保知识图谱的质量和精度，需要对数据进行规范化处理和标准化标注，确保数据的一致性和可比较性。更重要的是，智慧教育课程是动态变化的，因此知识图谱需要具备实时性和动态性，能够及时更新和调整结构和内容。

2）高性能计算

高性能计算技术（High Performance Computing，HPC）是一种通过并行计算和分布式计算来提高计算机系统性能的技术。它主要针对大规模、复杂的科学计算、工程计算和数据处理任务，通过高速互连网络、大容量存储系统、高性能处理器等硬件设备，以及相应的软件工具和算法，实现对海量数据的高效处理和分析。高性能计算技术在人工智能领域具有重要的价值，特别是在实现通用人工智能应用方面有很大的潜力。

高性能计算技术的发展可以追溯到 20 世纪 60 年代，当时为了解决复杂的科学计算问题，科学家们开始研究并行计算和分布式计算技术。随着计算机硬件技术的不断进步，特别是处理器速度的提高和存储容量的增加，高性能计算技术得到了迅速发展。如今，高性能计算已经成为许多科学研究、工程设计和商业应用的重要支撑技术。

在通用人工智能领域，高性能计算技术的价值主要体现在以下几个方面：

（1）加速数据处理和分析。人工智能的发展离不开大量的数据。高性能计算技术可以有效地处理和分析海量数据，为人工智能算法提供支持。例如，在自然语言处理、计算机视觉和语音识别等领域，高性能计算技术可以帮助研究人员快速地训练和优化模型，提高算法的性能。

（2）提高模型的训练效率。随着深度学习等人工智能技术的发展，模型的复杂度越来越高，训练过程需要消耗大量的计算资源。高性能计算技术可以通过并行计算和分布式计算，有效地提高模型的训练效率，缩短研发周期。

（3）支持大规模并行计算。人工智能算法往往需要进行大规模的并行计算，以实现对复杂问题的求解。高性能计算技术可以为这些算法提供强大的计算能力，保证算法的稳定运行。

（4）促进跨学科研究。高性能计算技术在生物信息学、材料科学、能源科学等领域具有广泛的应用，这些领域的研究成果可以为人工智能的发展提供新的思路和方法。同时，人工智能技术也可以为高性能计算技术的发展提供新的应用场景和挑战。

在实现通用人工智能应用方面，高性能计算技术具有重要的价值。通用人工智能具有与人类智能相当的智能水平，能够理解、学习和适应各种任务。为了实现通用人工智能的应用，研究人员需要开发更加复杂、高效的算法和模型，这无疑需要大量的计算资源。高性能计算技术可以为通用人工智能的研究提供强大的支持，帮助研究人员突破现有的技术瓶颈，实现人工智能的跨越式发展。

3）强化学习

强化学习（Reinforcement Learning, RL）是一种机器学习方法，它通过让智能体与环境进行交互，根据环境的反馈来调整其行为策略，从而实现最大化累积奖励的目标。强化学习的核心思想是"试错"和"延迟奖励"，即智能体通过不断地尝试不同的行为策略，从错误中学习经验，最终找到能够获得最大累积奖励的行为策略。

强化学习技术在 AGI 领域具有广泛的应用价值。强化学习技术为实现通用人工智能提供了一种有效的方法，具体表现在以下几个方面：

（1）自主学习能力。强化学习技术使智能体能够在与环境的交互过程中自主地学习行为策略，而无需人工设计复杂的规则或特征。这使得智能体能够在面对未知环境和复杂任务时，具有较强的适应性和学习能力。

（2）跨领域迁移能力。强化学习技术具有较强的跨领域迁移能力，即在一个领域中学到的知识可以应用到其他领域。这使得智能体能够在多个领域中实现知识共享和迁移，提高其解决问题的能力。

（3）处理不确定性。强化学习技术具有较强的处理不确定性的能力。在与环境的交互过程中，智能体需要面对各种不确定因素，如环境状态的不确定性、奖励信号的延迟等。强化学习技术可以通过设计合理的奖励函数和探索策略，帮助智能体在这些不确定性中寻找最优解。

（4）优化长期目标。强化学习技术关注长期累积奖励的优化，而不仅仅是短期利益。这使得智能体能够在面对长期目标时，做出更加合理和长远的决策。

（5）人机协作。强化学习技术可以实现人机协作，使得人类和智能体共同完成任务。通过强化学习技术，智能体可以更好地理解人类的意图和需求，从而提供更加个性化和高效的服务。

在实现通用人工智能应用的过程中，强化学习技术与其他人工智能技术（如深度学习、知识图谱等）相互融合，共同推动人工智能的发展。例如，深度强化学习（Deep Reinforcement Learning）将深度学习与强化学习相结合，使得智能体能够在更高层次上进行学习和决策；知识驱动的强化学习（Knowledge-driven Reinforcement Learning）将知识图谱等知识表示方法引入强化学习，使得智能体能够更好地利用已有的知识进行决策。

4）多模态数据融合

多模态数据融合技术是一种将来自不同传感器、数据源或表示形式的信息进行整合和分析的技术。在实际应用中，多模态数据融合技术可以帮助我们更好地理解复杂的现实世界，提高决策的准确性和效率。在 AGI 领域，多模态数据融合技术具有重要的价值，主要体现在以下几个方面：

（1）丰富的信息来源。多模态数据融合技术可以将来自不同模态的数据进行整合，为 AGI 提供更丰富、全面的信息来源。例如，在语音识别任务中，除了文本数据外，还可以结合音频信号、唇形等其他模态的数据，从而提高识别的准确性。

（2）提高决策质量。通过多模态数据融合技术，AGI 可以从多个角度对问题进行分析，从而提高决策的质量。例如，在自动驾驶任务中，结合视觉、雷达、激光雷达等多种传感器的数据，可以帮助 AGI 更准确地判断道路状况、行人和其他交通参与者的行为，从而做出更安全、合理的驾驶决策。

（3）增强模型的泛化能力。多模态数据融合技术可以帮助 AGI 更好地处理未见过的场景和问题。通过学习不同模态之间的关联和互补性，AGI 可以在一定程度上弥补单个模态数据的不足，提高模型在未知环境下的泛化能力。

（4）提高系统的适应性。在复杂多变的现实环境中，单一模态的数据往往难以满足 AGI 的需求。多模态数据融合技术可以帮助 AGI 更好地适应不同的环境和任务需求，提高系统的稳定性和可靠性。

4.4.4.2　AGI 在智慧校园建设中的应用

AGI 将会给智慧校园带来如下的一系列应用前景。

1）个性化教育

AGI 在教育领域的应用重点是学生个性化教育。基于学生的个性化需求和差异，AGI 可以为学生提供智能化的学习路径规划、教学资源推荐和学习反馈，帮助学生更好地掌握知识和提高学习效率。

2）课程设计

AGI 可以用于课程设计和教学评价。通过对学生学习数据的收集、分析和识别，AGI 可以提供更加科学和客观的课程设计和评测方案，为教师提供有效的教学辅助工具。

3）智慧管理

AGI 可以应用于校园管理系统，通过对校园内各类数据的收集和分析，帮助学校实现智能化的管理和服务。例如，AGI 可以设计智能校园服务机器人，为师生提供智能化的信息咨询、校园导航、物品寻找等服务；同时，AGI 还可以通过分析学生成绩等数据，为校园领导提供决策支持，优化教育资源配置和管理。

4）教职员工培训

AGI 还可以用于认知培训，对校园内的教职员工进行培训和晋升，提升员工的综合素质和职业技能。通过对员工的学习记录和个性化需求的分析，AGI 可以为员工提供智能化的职业规划和发展路径，提高员工的工作满意度和职业成就感。

需要注意的是，AGI 在智慧校园的应用需要借助大量的学生数据和教育数据进行训练和优化，因此，智慧校园建设中需要保证数据的安全性、可靠性，注意隐私保护，同时还需要在法规和伦理框架内合理应用 AGI 技术，避免出现不当影响。此外，AGI 技术的开发和应用也需要有相关专业人士的参与和支持，包括人工智能、教育科学等领域的专家和技术人员。

4.5　区块链

4.5.1　什么是区块链

区块链本质上是一个去中心化的数据库，是分布式数据存储，点对点传输,共识机制,加密算法等计算机技术的新型应用模式。区块链技术是一种去中心化的分布式账本技术,可以实现数据的安全、透明、可追溯和不可篡改。它通过各个节点的共同验证和维护,实现了去中心化的信任机制,让信息在网络中无法被破坏和篡改,从而应用到了许多领域,智慧校园也不例外。

对区块链进行分析,站在科学技术角度考虑,其所涉及的专业主要包括数学、互联网、密码学、计算机编程等;站在应用视角考虑,可以将其看作一个分布式的数据库、共享账本,有着公开透明、去中心化、全程留痕、不可篡改、可以追溯、集体维护等特征。它一方面确保了透明度,为创造信任提供了良好基础,另一方面可有效避免信息不对称现象,保证多个主体的一致行动、协作信任,这也是区块链在诸多领域得以应用的前提。[87]

区块链技术具有的优势使其拥有广阔的发展空间,同时其在智慧校园中的应用也使智慧校园的功能和服务向多元化发展[88]。

4.5.2　区块链的组成部分

区块链由多个组成部分构成,主要包括:

(1) 区块。区块是区块链的基本单位,包含了一定量的交易数据和其他相关信息。每个区块都有一个唯一的标识符(哈希值),并按照一定的规则链接在一起,形成一个链式结构。

(2) 链式结构。区块链由多个区块按照时间顺序链接而成,形成了一个链式结构。每个区块中都包含了前一个区块的哈希值,通过这种链接方式,确保了区块链的不可篡改性和数据的完整性。

(3) 分布式网络。区块链是一个分布式系统,由多个节点组成。每个节点都有完整的区块链副本,并通过共识算法来达成一致。分布式网络确保了区块链的去中心化特性,没有单一的控制机构。

(4) 共识算法。共识算法是区块链中节点之间达成一致的机制。它确保了所有节点对区块链的状态和交易的一致性。常见的共识算法包括工作量证明(Proof of Work, PoW)、权益证明(Proof of Stake, PoS)等。

(5) 加密算法。区块链使用加密算法来保护数据的安全性和隐私性。常见的加密算法包括哈希函数、非对称加密和对称加密等。加密算法确保了区块链中数据的不可篡改性和身份的验证。

（6）智能合约。智能合约是一种在区块链上执行的自动化合约，其中包含了预先定义的规则和条件。智能合约可以自动执行交易和合约条件，无需第三方介入，提高了交易的效率和可靠性[89]。

（7）用户身份认证。区块链中的用户身份认证机制，可以确保交易的真实性和可信度。常见的身份认证机制包括公钥密码学、数字签名等。

4.5.3　数字循证

数字循证是指通过数据和证据来支持医疗管理决策的过程。这个概念强调在医疗领域，利用大数据和人工智能等技术，对数据进行处理和分析，以提供可靠的证据支持医疗决策，解决医疗领域中的问题。

但在教学等方面，数字循证也具有重要作用。它可以通过数据和证据来支持教学决策的过程，强调数据的处理和分析，以及由此产生的可靠证据对教学决策的支持。数字循证通过收集和分析教学相关数据，为教学质量评价、教学资源分配、教师专业发展、教学计划和课程设置等提供可靠的证据支持。

数字循证的教学评价是一种基于实证的教学评价方法，它以科学的教育发展观为理论基础，以立德树人的教育成效为根本标准。数字循证的教学评价注重学生的全面发展，培养学生的创新精神和实践能力，从多维度对教学投入与学习成效进行评价，包括教学内容、教学方法、教学环境等多个方面。同时，它也强调对学生的学习过程进行评价，如学生的参与度、互动性、自主性等。数字循证的教学评价依据来源于多方面的数据，既包括学生的学习成绩、参与度和行为等，也包括教师的教学方法、态度和行为等。这些数据通过数字化工具进行收集和分析，形成教学评价的依据。采用数字化工具进行动态生成性的评价，可以实时更新教学评价结果，为教师提供教学分析仪表盘，方便教师了解学生的实时学习状况，同时也方便学校对教师的教学进行监督和管理。

数字循证的教学评价具有诸多优点，例如：

（1）实证性。数字循证的教学评价以实证证据为基础，避免了传统教学评价的主观性和随意性，更加客观和科学。

（2）实时性。数字循证的教学评价可以通过数字化工具实时收集和分析数据，可以实时更新教学评价结果，方便教师及时了解学生的学习状况，同时也方便学校对教师的教学进行监督和管理。

（3）多维度。数字循证的教学评价从多个维度对教学进行评价，不仅可以评价学生的学习成绩和参与度，还可以评价教师的教学方法和态度等多个方面，更加全面和准确。

（4）个性化。数字循证的教学评价可以根据每个学生的学习情况和特点进行个性化评价，为每个学生提供个性化的指导和帮助[90]，更好地满足学生的需求和发展。

数字循证和区块链的结合应用，可以实现更准确、可靠的教学决策。第一，数字循证的方法可以提高教学质量评价的准确性。数字循证通过收集和分析教学相关数据，为教学质量评价提供更客观和准确的结果。这些数据包括学生的学习成绩、学习行为、教师的教学方法等。第二，数字循证的方法可以减少评价的主观性和随意性，提高评价的公正性和准确性。第三，数字循证可以通过分析教学相关数据，为学校和教师提供更准确的教学资源分配方案。这可以帮助学校更好地掌握教学资源的利用情况，减少资源浪费，提高教学效率和质量。第四，数字循证可以为教师提供反馈和建议，帮助他们更好地掌握学生的学习特点和需求，优化教学方法和策略，促进教师专业发展。第五，数字循证也可以帮助教师识别自身的教学优势和不足，促进教师的专业发展和自我提升。

而区块链技术可以将以上这些证据安全、透明地存储和传输，使得更多的教育工作者访问和使用这些证据，从而更好地支持教学决策。同时，区块链的不可篡改性和透明性也可以提高教学数据的可靠性和可信度，为数字循证提供更准确的数据基础。

然而，数字循证和区块链在教学方面的结合应用依然面临一些挑战。一是数据隐私和安全问题。在数字循证和区块链结合应用的过程中，需要处理大量的学生数据和证据，因此，必须采取有效的措施来保护学生数据的隐私和安全，防止数据泄露和滥用。二是技术整合的问题。数字循证和区块链是两种不同的技术，它们的结合需要解决技术整合和兼容性问题。例如，需要使用合适的软件或平台来整合数字循证和区块链技术，以确保它们的正常运作和数据传输。

循证实践是指实践者针对具体的问题,在证据库中检索并选择与问题情境相关的最佳证据,结合实践对象、环境的具体特点,提出最佳的干预方案。联合国教科文组织将循证实践的研究思路引入其 2019 年所发布的《数字背后:结束校园暴力和校园欺凌》报告之中,形成了一种基于循证实践的、三角循环的校园欺凌防治路径模型[91]。韩蕊和石艳在研究中指出,可以通过证据获取、证据分析和证据应用这三个基本步骤来实现循证实践的校园欺凌防治。[92]

4.5.4　数字微认证

数字微认证是指在一个特定的技能或知识领域内获得非学位认证或能力,通常比典型的大学学位更微观。微认证大多以数据化形式呈现,它的概念既包含认证结果(如证书、徽章等),也包含一系列特定的数字认证过程,并且大多是以微观、颗粒度高、具体的知识、技能和能力为单元认证对象。

数字微认证的实现需要互联网的技术支持。首先,数字微认证平台可以记录学习者的学习轨迹与学习进度,并且可以认证其学习成就。其次,数字微认证平台可以将学习者的轨迹与进度等数据存储在数据库中,而不需要大量占用用户的本地存储空间,用户只要成功登录账号,就可以轻松地查看自己的学习数据,且用户的学习成果以数据的形式记录下来后,可以由学习者决定是否在求职或升学的时候共享给企业和学校。再次,利益相关者(如学校、学生、用人单位、政府职能机构)可以通过数字微认证平台获取、查阅、传递、存储各类学习成果认证数据。最后,新一代的数字微认证平台可以保证教育经历和学习成果记录的安全性,有效防止用户的个人信息被恶意篡改,安全有效地记录学习者的终身学习轨迹。

目前国内的数字微认证技术支持平台依托互联网、大数据和区块链技术,在企业内部培训和师范生教学能力培养等领域进行了尝试。例如,华为率先在云计算、大数据、人工智能、物联网等领域进行云微认证,成为企业提供数字微认证的开端之举。在高等教育领域,华东师范大学自主研发了"师范生在线教学能力微认证"系统,用于支持师范生的专业技能发展。[93]

数字微认证并不是传统学历学位模式的竞争对手,而是传统学历学位模式的有机补充,其有助于打破个人职业发展和以学时学分为主的学校教育之间的壁垒,为学习者提供灵活的教育方式,以满足他们日益增长的灵活发展需求。

4.5.5　区块链技术与智慧校园创新

在智慧校园的平台建设方面,区块链技术可以支撑其开展有效创新。在运用大数据、云计算的基础上,利用区块链技术创新智慧校园建设,还需要建设具有支撑作用的相关平台。例如,高校可以使用区块链技术搭建智慧校园的服务平台,为师生共同参与智慧校园、实践信息化、智慧化学习生活和科学研究提供便利;加速相关资源的整合,在优化校园环境的基础上深度融入区块链技术,为学生提供完整的智慧化服务链条,保障学生从入学、学习到毕业、就业都可享受智慧化服务。在此基础上,高校还可以关注每一个学生主体,运用区块链技术为学生主体设置专属的信息数据库,动态化跟踪指导,提升智慧校园的针对性和亲和力,提升创新实效。另外,高校还可以在智慧校园中设置专门的学位认证平台、学分平台及生活服务平台,并基于区块链技术,采用去中心化模式建设此类平台,为大学生提供多样化服务,保障大学生相关信息数据的安全可靠,借助区块链技术的不可篡改性为智慧校园营造良好环境[94]。

在智慧校园的系统设计方面,区块链技术也可以支撑其有效创新。首先,学校可以优化顶层设计,为区块链技术助力智慧校园建设提供系统化指导。学校要重视区块链技术的运用,结合学校的实际情况,明确智慧校园的发展方向、创新路径和效率基础。在此过程中,高校应以创新理念和大数据思维优化顶层设计,为创新智慧校园奠定概念基础,促进区块链技术的应用。其次,高校还可以利用区块链技术设计和完善智慧校园管理系统,优化调整硬件设施和软件开发,既保证智慧校园各方面的顺利推进,又实现过程中的创新。最后,高校应推进智慧校园模块优化,利用区块链技术实现协同,更好地开展智慧校园管理服务。高校要围绕教务管理、学习科研安排、基层党建、生活服务等模块,将与大学生学习生活密切相关的环节纳入智慧校园体系,同时利用区块链技术调整各模块之间的关系,优化其构成和管理,便利学生学习生活,创新智慧校园。

4.5.6　区块链在智慧校园中的应用

随着区块链技术的逐渐成熟，其在智慧校园建设中起到了巨大的作用，不仅使智慧校园建设更加完善，还保障了信息的安全性，对智慧校园的教育水平和管理能力等产生了巨大影响。以下是区块链在智慧校园中的一些应用。

1）学籍档案调取与整理

学籍档案调取与整理系统，主要是利用区块链技术去中心化特征，通过多方协同参与，将区块链上学生学籍档案作为管理主体，借助区块链共识技术，对不同的节点进行调节，以实现统一管理和维护。[14] 在共识技术的帮助下，学生身份档案将根据自己的权限和需求形成合约，并在区块链上自身运行，从而达到主体间接治理的目的。为了保证学籍信息的准确性，需要对学籍档案进行联合监督和维护，对不同节点科目进行管理。只有当当前节点与其他教育信息一致时，节点才会链接正确的学生状态文件。信息链主要基于区块链时间戳和加密技术，采用算法对档案信息进行时间戳和加密，保证档案信息的安全性。在检索文件信息时，信息主体根据密钥检索请求对身份信息进行验证，即运行智能合约，身份验证完成后，密钥自动打开，管理人员即可检索和整理文件信息。为了保证学生状态文件不被随意篡改，文件信息可以通过区块链共识机制进行管理，只有在多个节点一致的情况下才能更改学生状态信息。管理系统会自动记录并保存学生学籍档案信息的修改，以便于后续的管理工作。

2）智慧图书馆

智慧图书馆是建设图书馆时将智能技术应用到其中从而形成的智能化建筑，是自动化管理和智能建筑的创新和有机结合，其主要是利用大数据、云计算、物联网等技术，实现图书馆的智能化管理和服务，以弥补传统图书馆更迭速度慢等缺点。

区块链是由多个数据块组成的，可以按照时间顺序进行排列，从而组成链表，新区块的生成都是建立于前一个数据块的基础上，因此具有防伪造、防篡改的优势。根据这一优势，可以构建分布式智慧图书存储系统，以保障信息安全。高校可以将图书馆中丰富的书籍资源以数字的形式存储于管理系统中,这不仅便于对图书的管理,还可以提高图书的利用率。此外,教师和学生可以将自己的论文存储于管理系统中,学生通过信息认证便能够自由查阅,这样的方式既拓宽了资源丰富度,又能够调动学生和教师的创作积极性。智慧图书馆中应用区块链技术,可以保证数据安全,避免恶意篡改行为,对图书馆身份的转变具有重要作用。

对于传统的图书馆,学生与图书馆之间缺少互动性,而将区块链去中心化技术应用到图书馆中,可以弱化图书馆的中心作用,使得资源与学生、学生与学生之间展开直接交流互动。利用区块链分布存储优势,可以定制具有个性化的图书管理平台,结合云计算、大数据、物联网等技术,可以对学生的阅读数据进行采集和分析,从而为学生提供人性化推荐,拓展图书馆的服务和业务。

3)校园课程安排

目前,我国大部分高校对课程表的发布通常都依靠教务系统,这样的情况增加了课程表的修改和查询难度。若高校开展临时教学活动,出现调课的情况,调课通知不及时,则会造成课堂安排不到位的问题。借助区块链技术的公开透明、不可伪造、全程留痕、不可更改等优势,构建区块链信息管理平台,可以打破传统发布信息的模式,将信息的接收与发布集于一个平台,并对其进行实时更新,从而为教师和学生的校园生活带来极大的便利。

区块链技术具有的一大优势就是可以实现信息共享,在区块链上的用户都能够明确地看到所有数据。共享校园信息,为教师和学生的安排和查阅课时提供了便利。此外,区块链技术也能够与其他程序相互融合,形成智能化的教学体系,如课后、课上、考试监督和课程安排科学性评估等。

4.6 数字孪生技术

4.6.1 什么是数字孪生

数字孪生(Digital Twin)是指利用虚拟技术(如虚拟现实、增强现实、数字化仿真等)和物联网技术,将物理实体的数据与其数字模型相互关联,使得物理实体在现实世界中发生的任何变化都可以在数字模型中反映出来,以实现实体与数字虚拟世界间信息的双向传递和交互。

数字孪生的基本思想是通过建立与现实世界相对应的数字模型,将现实世界中的物体、过程和系统等转化成数据、算法和软件,从而实现对其状态、行为和性能等方面的监控、分析、预测和优化。数字孪生技术可以广泛应用于制造业、城市规划、交通运输、医疗保健、能源管理、环境保护等领域,帮助企业和机构提高效率、降低成本、提升服务质量和推动产业转型升级。

数字孪生技术的应用和发展,不仅是数字经济时代的重要标志,也是人类智慧和科技进步的重要体现。随着接入互联网的设备和物品愈加普及,数字孪生技术将有望成为通向更智能、更高效、更可持续的数字社会的一条重要路径。

4.6.2 数字孪生智慧校园建设的概述

随着人工智能技术的不断发展和应用,智慧校园和数字孪生成为教育领域的热门话题。越来越多的教育机构开始关注和探索智慧校园和数字孪生的建设,以期为学生提供更加优质的教育教学环境和服务。智慧校园作为新一代信息技术与教育深度融合的产物,旨在通过人工智能、物联网等技术手段提升教育行业的效率和质量。而数字孪生则作为智慧校园建设的重要组成部分,通过数字化技术将实体世界与虚拟世界相结合,使校园运营更加智能化、高效化。它们的出现和发展,对于推动教育现代化和提升教育质量有着重要的意义。

在智慧校园建设中,数字孪生可以应用于多个方面。比如,在教学管理方面,通过数字孪生技术可以构建出一个虚拟的教学场景,从而提前预测可能出现的问题,并给予相关指导;在课程设计方面,可以利用数字孪生技术来制订最佳教学计划,并进行评估;在校园安全管理方面,则可以通过数字孪生技术建立虚拟安全场景,以便及时掌握突发事件并做出应对措施。

总之,智慧校园与数字孪生的结合将会使得学校更加科技化、高效率,并有助于提高师生体验和整体竞争力。智慧校园是一个蓬勃发展的领域,并且具备广泛而深远的社会影响力。它将不断推动教育行业的数字化转型和智能化进程,为师生提供更好的教育服务,同时也为整个社会注入新的活力。推动数字化转型是现代教育的大势所趋。教育机构应当积极面对相关挑战,并采取有效措施来解决问题,推动数字化转型的发展进程。

4.6.3 数字孪生智慧校园建设的背景

1) 高等教育的改革与发展

高等教育改革与发展一直是各国高度关注的重要议题。在中国,高等教育改革已经进入深化阶段,以创新人才培养模式为核心,推进高等教育质量提升和内涵式发展。在这个过程中,数字孪生智慧校园的建设可以有效地提升高校的教学、科研和管理水平,适应高等教育的发展需求。

2) 信息技术的快速发展

随着信息技术的快速发展和应用,数字孪生智慧校园已经成为数字时代高等教育的发展趋势。数字孪生技术可以将现实中的校园环境转换成虚拟的数字世界,实现对校园场景的精准模拟和智能化管理,提高高校的信息化水平和服务质量。

3) 智慧教育的要求

当前,教育的发展已经不仅仅是知识传授,而是注重培养学生的创新能力、实践能力和综合素质。数字孪生智慧校园的建设可以为学生提供个性化、多元化的学习资源和服务,提高学生的学习效果和满意度。同时,数字孪生智慧校园的建设还可以提升教师的教学质量和科研能力,为高校的人才培养和发展提供更好的支撑。

4) 数字孪生技术的成熟

随着数字孪生技术的不断发展和成熟应用,数字孪生智慧校园的建设也变得更加可行和实际。数字孪生技术可以实现对校园场景的高度还原和模拟,为高校提供精准的数据支持和决策参考。同时,数字孪生技术也可以实现校园管理的智能化和自动化,提高工作效率和管理水平。

4.6.4 校园基础设施的数字孪生建模

在智慧校园中,校园建筑和基础设施的虚拟模拟是数字孪生技术的一个应用。它可以基于建筑物原始数据、设备数据以及学生和教职工数据,实现对整个校园环境的数字建模和仿真分析,具体的实现步骤有:数据采集、数据建模、数据库管理、仿真分析、可视化展示。

1）数据采集

数据采集指通过在校园内部署各种传感器、监测设备和视频监控等设备，采集不同位置、不同时间点的建筑物和设施的各种数据，例如温度、湿度、照度、能耗情况、门禁记录、供水供电信息等。常用的采集方式有：

（1）摄影测量。使用无人机或摄影设备对校园建筑和设施进行拍摄，并使用图像处理软件进行测量和建模。这种方法可以提供高分辨率的图像和准确的测量数据。

（2）激光扫描。使用激光扫描仪对校园建筑和设施进行扫描，获取三维点云数据。这种方法可以提供非常精确的建筑模型，并且可以捕捉到细节和几何形状。

（3）现场测量。通过实地测量和调查，获取校园建筑和设施的尺寸、位置和其他相关信息。这种方法需要人工参与，但可以提供准确的数据。

（4）建筑图纸和文档。收集校园建筑和设施的建筑图纸、施工图纸和相关文档。这些文档可以提供建筑的结构、布局和其他重要信息。

（5）其他数据源。还可以利用校园管理系统、设备监控系统和其他相关系统中的数据，获取关于校园建筑和设施的信息。

2）数据建模

利用 BIM（Building Information Modeling）技术、3D 扫描技术或者其他建模方法，将建筑物和设施的结构、功能、性能、材料特性等数据转化为数字模型。此外，还需要为模型添加对应的数据接口，以便与实时采集的数据进行交互。校园建筑和设施的虚拟模拟可以通过以下步骤进行建模：

（1）数据收集。收集校园建筑和设施的相关数据，包括图纸、测量数据、照片等。这些数据将为建模提供基础。

（2）建模软件选择。选择适合的建模软件，例如 AutoCAD、SketchUp、Revit 等。确保软件具备建模、渲染和导出功能。

（3）创建基本结构。使用建模软件，根据收集到的数据创建建筑物的基本结构。这包括墙壁、地板、天花板等。

（4）添加细节。根据收集到的数据和照片，逐步添加建筑物的细节，如窗户、门、楼梯、家具等。这些细节将使模型更加真实。

（5）材质和纹理。为建筑物的不同部分应用适当的材质和纹理，以增加模型的逼真感。可以使用软件内置的材质库或自定义材质。

（6）照明和渲染。调整建模软件中的照明设置，以使模型在渲染时呈现出适当的光照效果。这将增强模型的可视化效果。

（7）导出和分享。完成建模后，将模型导出为常见的文件格式，如 OBJ、FBX 等。可以将模型分享给其他人，或在虚拟现实、增强现实等平台上进行展示。

3）数据库管理

建立数据库管理系统，用于存储和管理校园内各种数据，包括数据的采集、处理、更新和查询，同时也提供给模拟和预测分析使用。以下是一些常见的数据库管理方法：

（1）数据库设计。根据虚拟模拟的需求，设计一个合适的数据库结构。确定需要存储的数据类型、表格和字段，并建立适当的关系。

（2）数据录入。将收集到的数据录入到数据库中。这包括建筑物的基本信息、结构、尺寸、位置以及其他相关属性。确保数据的准确性和完整性。

（3）数据存储和管理。使用数据库管理系统，将数据存储在相应的表格中。根据需要，可以创建多个表格来存储不同类型的数据，如建筑物、设施、材质等。

（4）数据查询和分析。通过数据库查询语言（如 SQL）进行数据查询和分析。可以根据不同的条件和需求，提取所需的数据，进行统计、分析和比较。

（5）数据更新和维护。定期更新和维护数据库，确保数据的准确性和及时性。包括添加新数据、修改现有数据、删除不需要的数据等。

（6）数据备份和恢复。定期进行数据库的备份，以防止数据丢失或损坏。同时，确保备份数据的安全存储，并能够在需要时进行恢复。

（7）数据安全和权限管理。采取适当的安全措施，保护数据库的数据安全。设置权限和访问控制，确保只有授权人员可以进行数据的修改和访问。

4）仿真分析

利用数字孪生技术，将数字模型与实时数据整合起来，进行仿真分析。例如，利用模型预测建筑物的能耗、温度、湿度等情况，以及设备的运行状态和传感器采集到的各种信息。同时结合建筑物功能和用户需求，对校园环境进行优化设计和改进。以下是一些常见的仿真分析方法：

（1）结构力学分析。使用有限元分析等方法，对建筑物的结构进行力学分析。通过模拟不同荷载条件下的应力、变形和振动等，评估建筑物的结构强度和稳定性。

（2）热力学分析。通过模拟建筑物的热传导、热辐射和热对流等过程，评估建筑物的热性能。可以分析建筑物的能耗、室内温度分布和热舒适性等。

（3）光照分析。使用光线追踪等方法，模拟建筑物内部和周围的光照情况。可以评估建筑物的采光性能、阴影效果和照明需求等。

（4）空气流动分析。通过计算流体力学（CFD）方法，模拟建筑物内部和周围的空气流动。可以评估通风效果、室内空气质量和烟气扩散等。

（5）声学分析。通过模拟声波传播和反射等过程，评估建筑物的声学性能。可以分析噪音传播、吸声效果和室内声环境等。

（6）可持续性评估。综合考虑建筑物的能耗、水耗、材料使用和环境影响等因素，进行可持续性评估。可以帮助优化建筑物的设计和运营，提高资源利用效率和环境友好性。

5）可视化展示

将仿真分析的结果通过可视化技术呈现给用户，例如使用 VR 虚拟现实技术或者 AR 增强现实技术，将数字模型映射到现实场景中，帮助用户直观感受数字孪生技术的应用效果。同时，结合学生、教师和校方的反馈，不断优化数字模型，提高数字孪生技术的应用价值。以下是一些常见的可视化展示方法：

（1）3D 建模和渲染。使用建模软件（如 SketchUp、3ds Max 等）创建校园建筑和设施的 3D 模型，并进行渲染。通过添加材质、光照和纹理等，使模型呈现出逼真的外观。

（2）虚拟现实（VR）。将虚拟模拟的校园建筑和设施转化为虚拟现实环境。观众可以通过佩戴 VR 头盔或使用 VR 设备，沉浸在虚拟的校园环境中，进行互动和探索。

（3）增强现实（AR）。利用增强现实技术，将虚拟模拟的校园建筑和设施叠加在现实世界中。观众可以通过手机、平板电脑等设备，观看虚拟模型与实际场景的交互效果。

（4）视频演示。将虚拟模拟的校园建筑和设施制作成视频演示。通过动画、镜头切换和音效等手段，展示建筑物的外观、内部布局和功能等。

（5）360 度全景展示。利用全景摄影技术，拍摄校园建筑和设施的全景照片。观众可以通过电脑、手机或 VR 设备，自由浏览全景照片，感受校园环境的真实感。

（6）交互式展示。利用交互式技术，观众可以通过触摸屏、手势识别等方式，与虚拟模拟的校园建筑和设施进行互动。可以进行导航、放大缩小、查看详细信息等操作。

4.6.5　教学和学习的数字孪生应用

在智慧校园的教学和学习领域，数字孪生技术有着广泛的应用。

1）个性化学习环境的构建

个性化学习环境的构建中数字孪生可以发挥重要作用，主要有以下几个方面：

（1）数据采集和分析。通过数字孪生技术对学生行为、兴趣、能力等数据进行实时采集和分析，从而提供个性化的教育服务。例如，利用传感器收集学生在课堂上的行为数据，如眨眼次数、头部姿势等，根据这些数据推测出学生疲劳程度，并及时调整课堂氛围。

（2）个性化推荐。数字孪生技术可以帮助教师快速了解每位学生的需求和兴趣，并针对不同类型的学生推荐相应的教育资源。例如，基于数字孪生模型对每位学生成绩、兴趣等进行分析后，自动向其推荐适合他们的知识点。

（3）教育辅助工具开发。基于数字孪生技术开发智能辅助工具，支持个性化教育。例如，在远程教育场景中，通过虚拟现实技术搭建一个仿真环境，在其中提供各种交互式操作体验来加深学生对知识点的理解。

（4）实时反馈。数字孪生技术可为学生提供实时的、个性化的反馈，帮助他们更好地了解自己的表现和进步情况。例如，在完成练习题目时，系统可以根据学生答题正确率和速度等数据实时生成报告，并通过语音提示或其他方式向学生及时反馈。

（5）设施管理。数字孪生技术可以帮助学校对建筑物、校园设施等进行精细化管理。通过建立数字孪生模型，可以对校园的每个区域、设备的使用情况、能耗等数据进行采集与监测，并通过对数据的分析和处理，为校园运营提供更加精准的决策支持。

数字孪生技术在个性化学习环境构建中扮演着重要角色。利用数字孪生技术,教育者可以更好地了解每位学生的需求和特点,并针对不同类型的学生提供个性化服务和支持。

2)虚拟实验和模拟教学

在虚拟实验和模拟教学中,数字孪生可以发挥重要作用,主要有以下几个方面:

(1)虚拟环境建模。数字孪生技术可以帮助教师将真实的物理世界或现象进行建模,并将其转化为可视化的虚拟环境。例如,在化学实验教学中,使用数字孪生技术搭建一个仿真实验室,让学生在虚拟坏境中进行实验操作。

(2)实时监控和反馈。基于数字孪生技术对虚拟环境进行实时监测和反馈,帮助学生更好地了解自己的表现和进步情况。例如,在医学模拟教学中,利用数字孪生技术对学生的操作过程进行监控,并给出相应的评估和反馈。

(3)教育资源优化。基于数字孪生技术对虚拟实验和模拟教学进行数据分析,优化相应的教育资源。通过建立教室、实验室、图书馆等数字孪生模型,实时监测它们的使用情况,统计各类资源的利用率,并通过数据分析来优化资源的分配和利用。

数字孪生技术在虚拟实验和模拟教学中具有广泛的应用前景。利用数字孪生技术可以为学生提供更加真实、个性化、交互式的学习体验,并帮助教师更好地了解每位学生的表现和需求,提高教育质量和效率。

3)学生学习数据分析与评估

(1)学习过程监控。数字孪生技术可以通过收集老师和学生的学习数据,包括课堂出勤率、作业完成情况、测试成绩、社交网络活动、教师授课行为等,建立虚拟模型进行实时监测。教师可以根据模型提供的反馈信息,对学生的学习状况进行及时调整,了解学生的学习特点和需求。

(2)个性化辅导。借助于数字孪生技术所提供的大量历史数据和模拟功能,教师能够快速建立一个具有个性化特点的虚拟模型,并基于此为不同水平和背景的学生提供相应的辅导方案和建议。

(3)考试成绩预测。通过对历史考试数据进行分析并建立相应的预测模型,教师能够依据该模型来预测每位学生在未来考试中可能获得的成绩,并相应地给予指导。

（4）教育政策制定。基于收集到的大量学生数据，数字孪生技术可以支持教育机构制定更加科学合理、符合实际需求的教育政策。例如，在发现某类课程不受学生欢迎的情况下，教育机构可以根据数字孪生技术提供的模型来调整课程内容和教学方式。

4）教育创新研究

数字孪生技术可以作为教育创新研究的工具。可以通过将虚拟环境与现实世界相结合，建立数字孪生模型，探索教育理论、教育科技等领域中的新思路、新方法、新模式。比如，在虚拟环境中进行课程设计、教学模拟、教学评估等，以获得更加深入的教育经验和知识。

数字孪生技术在智慧校园中的应用方向十分广泛，包括设施管理、教学资源管理、学生行为分析、教育创新研究等多个方面。

未来，随着技术的不断发展，数字孪生技术必将在智慧校园中发挥越来越大的作用，为学校提供更加优质的教育服务。

数字孪生智慧校园的建设是高等教育信息化发展的重要趋势，它将为学生、教师和管理人员提供更加便捷、高效、智能的服务和支持，推动高等教育的内涵式发展。

4.6.6 智慧校园应用数字孪生技术的益处和挑战

4.6.6.1 益处

将数字孪生技术应用于智慧校园，可以促进教育信息化的发展，提升校园管理的效率和个性化教育水平，除此之外，还有多种益处，列举如下。

1）教育质量和效率的提升

智慧校园应用数字孪生技术一是能够提供先进的在线课堂、数字化图书馆、虚拟实验室等教育资源，满足不同学生的需求，丰富课程内容，增加互动性和趣味性。二是通过人工智能等技术手段，可以对学生的学习情况进行监测和分析，及时发现问题并给出针对性建议，帮助学生更好地掌握知识。

2）学生参与度和满意度的提高

应用数字孪生技术提供的虚拟校园可以在线预约用餐、查看场馆拥挤程序等，方便学生和家长在任何时间、任何地点都能够享受到快捷、便利的服务。这样一来，就能够优化校园服务体验，并提升学生满意度。

3）教育场景的共享

在数字孪生校园中，教师和学生都可以用虚拟分身徜徉在各个资料库中，可以快速切换到任意的教室、图书馆或者活动室，观摩学习甚至是参与到集体活动中。家长也可以在学校开放的范围内观摩了解孩子在校园中的情况。

4）教育资源的协同开发

在智慧校园中应用数字孪生技术，有利于学校组织教师、企业和社会机构等多方参与，共同开发各种教育资源。这样一来，不仅能够充分利用各方优势，还可以打造出更加丰富、实用的教育资源，满足不同学生的需求。

4.6.6.2　挑战

当然，智慧校园应用数字孪生技术还存在着许多方面的困难与挑战，列举如下。

1）技术实施和成本问题

智慧校园应用数字孪生技术的建设需要涉及多种技术，包括物联网、云计算、大数据、人工智能等，这些技术的实施需要投入大量的资金和人力资源。

首先，需要建设高速网络、数据中心、服务器等基础设施，这些都需要大量的资金和技术支持。其次，数据安全和隐私保护也是重要问题，需要收集和处理大量的数据，如学生的学习情况、教师的教学记录等，这些数据的安全和隐私保护需要投入大量的成本。另外，教学设备升级也是必不可少的，为了实现真正的智慧教学，需要配备新型的教学设备，如智能白板、VR/AR设备等，这同样需要投入大量的资金。除此之外，还需要专业的技术人才进行建设和运维，这需要投入大量的成本。对于教师和学生等用户来说，掌握新的技术和应用，这需要建设方投入相应的培训成本。因此，智慧校园建设需要充分考虑技术实施和成本问题，做好详细的规划和预算，确保可持续发展。

2）师资培养和教师素养提升

创建数字孪生校园需要有一支具备高水平教学和技术能力的师资队伍，因此，师资培养和教师素养提升问题是非常重要的。

首先，针对数字孪生校园建设中所涉及的教育技术和信息化知识，需要对教师进行系统性、针对性的培训和专业知识的提高。这种方式包括了线上或线下培训、短期或长期进修等形式,以确保教师在数字孪生校园中使用各种工具与应用技术时具有足够的专业素养。其次,在建设数字孪生校园时,还需要加强对教师创新意识的引导和支持。这样可以促使他们不断地尝试使用新型教育技术和方法,并通过反思不断完善自己的课程设计。同时鼓励优秀案例分享与交流,从而达到共同进步。再次,建立起多种多样、实用性极强的资源库,并指导教师利用这些资源来实现有效的在线授课以及辅助学习。特别是在线互动交流环节,针对不同年级、学科及教育需求,开发出有针对性的课程内容和支持教师授课的资源。最后,要提高教师与家长互动交流的能力。在数字孪生校园中,家长通过网络平台或线上观摩方式更容易了解孩子的学习情况,也更方便向老师咨询和反馈问题。因此,在培养教师技术素养同时,还需要引导他们积极主动地与家长进行互动交流,并且营造积极正面的互动氛围。

3) 隐私保护和伦理问题

在数字孪生校园建设中,学生的个人信息被广泛收集和使用。例如,考勤打卡、图书借阅等都需要采集学生的敏感信息,除此之外,在个性化教学中,也需要采集学生的行为习惯。如果这些数据被不当使用或泄露出去,会对学生造成极大伤害。因此,在建设中必须注重保护学生个人信息隐私。采用的人脸识别技术虽然可以提高效率,但也引发了一些伦理问题。如果人脸识别技术被滥用,则可能侵犯到学生的隐私权。智慧校园建设涉及大量的数据收集、传输和存储,这就要求必须有完善的信息安全保障机制。如果数据泄露或被攻击,则会给学校带来严重的损失,并对学生造成不良影响。因此,在建设时必须注重保障信息安全。

数字孪生校园建设需要应用先进的科技手段,这也引发了一些教育伦理问题。例如,过度依赖科技可能会削弱教育中培养学生思考和创新能力等非技术素养;另外,某些应用场景下过分追求效率而忽视人文关怀,则可能导致一些负面情绪。

4.6.7 未来展望和发展趋势

随着人工智能、大数据、物联网等技术的不断发展,智慧校园和数字孪生的未来发展将进一步推动教育的智能化、个性化和数字化,为学生提供更好的学习环境和学习体验,提高教育教学的质量和效果。随着技术的不断进步和应用场景的不断扩展,智慧校园与数字孪生的未来发展潜力值得期待。

(1)智能化学习。利用人工智能和大数据技术对学生进行个性化学习,针对不同学生的特点和需求制订适合他们的教育方案,提高教育效率。

(2)跨界融合。数字孪生技术可以将现实世界中的物理环境与虚拟环境相结合,实现更加真实、立体、互动的学习体验。例如,在历史课上通过虚拟现实技术重现古代场景,让学生身临其境地了解历史事件。

(3)教育共享。数字孪生技术可以帮助不同地区、不同国家的学生分享优质教育资源。通过在线平台共享教育资源和信息,促进跨地区、跨国家的教育交流和合作。

(4)数字管理。数字孪生技术可以帮助学校建立全面、精细的管理系统,从招生到毕业全过程进行数字化记录,并通过大数据分析为决策提供科学依据。

(5)产业链协同。智慧校园与数字孪生还可以促进教育产业链的协同发展,从教育内容的生产、课程的设计到教材的出版、培训服务等环节实现全链条数字化协同,提高教育质量和效率。

4.7 信息安全

智慧校园的信息安全技术包括网络安全管理、网络安全教育、网络安全监控、网络安全应急响应等。其中,网络安全管理是智慧校园信息安全的核心,主要包括网络设备管理、网络访问控制、网络流量管理、网络入侵检测等方面;网络安全教育是提高师生网络安全意识和技能的重要手段,主要包括网络安全知识普及、网络安全培训等方面;网络安全监控是保障智慧校园信息安全的重要手段,主要包括网络流量监控、网络日志分析等方面;网络安全应急响应是保障智慧校园信息安全的重要措施,主要包括应急预案制订、应急演练等方面。

4.7.1 隐私计算

2016年李凤华等发表的《隐私计算研究范畴及发展趋势》一文正式提出

"隐私计算"一词,并将隐私计算定义为:"面向隐私信息全生命周期保护的计算理论和方法,是隐私信息的所有权、管理权和使用权分离时隐私度量、隐私泄漏代价、隐私保护与隐私分析复杂性的可计算模型与公理化系统。"

隐私计算融合了数据科学、人工智能和密码学等众多技术体系,在保证数据安全的基础上,联合各方进行训练学习。[95]实现隐私计算的方法有很多:数据加密和再处理——多方安全计算;通过可信环境进行大数据分析与管理——可信执行环境;数据不动而模型动——联邦学习。从宏观的角度来看,其是将底层原始数据输入隐私计算抽象模型,计算结果为上层业务应用程序服务。在微观层面,其是以隐私保护的方式输入、计算和输出原始数据,不是共享数据,而是共享数据的价值。

实现隐私计算的相关方法主要有多方安全计算、联邦学习、可信执行环境等。下面将对这几种技术进行简单介绍。

多方安全计算是基于密码学,以交互不可逆的密文数据方式,在无可信第三方时,让每个参与者在不能得到其他参与者输入信息的情况下,依托特殊的加密算法和协议直接进行计算,得到计算结果。由于密码学的复杂度高,多方安全计算的技术可用性和性能在近几年才得以迅速提升,并引起业界的高度关注。

联邦学习是一种分布式机器学习框架,在隐私保护的基础之上,多方在中心服务器的协调下共同训练模型,提升模型效果。[96]联邦学习可以在看不见的数据上训练模型,甚至可以促成全新且合法的数据共享与交易生态,有着广阔的应用前景。

可信执行环境(Trusted Execution Environment, TEE)是通过软硬件方法在中央处理器中构建一个安全区域,保证其内部加载的程序和数据在机密性和完整性上得到保护。在隐私计算中,若涉及的算法模型比较复杂,对参与计算的大数据量有要求,则可以使用可信执行环境对算法模型进行编译发布[49]。

4.7.2　可信计算

在当前的网络信息安全环境中,要想使信息安全性真正实现有效提升,就需要应用各种相关的科学技术,而可信计算技术就是比较重要的一种。[97]

可信计算技术在智慧校园中的应用，为保障信息安全提供了强有力的技术支撑。其通过在硬件、操作系统、应用软件等层面实施安全策略，实现对智慧校园信息系统的全面保护，保证教育信息资源的安全可靠使用。在未来的智慧校园建设中，可信计算技术将继续发挥重要作用，为建设安全、稳定、高效的教育信息环境提供有力保障。

可信计算技术是一种基于安全策略的计算机系统安全技术，它通过在硬件、操作系统、应用软件等多个层次上实施安全策略，确保计算机系统在各种攻击和恶意操作下仍能保持稳定和可靠。可信计算技术的核心目标是实现信息系统的"可知可控"，即让使用者能够了解系统的运行状态，控制对系统的访问和操作，从而实现信息系统的安全运行。

可信计算技术在智慧校园中的应用有多个方面，如硬件层面、操作系统层面、应用软件层面、数据安全层面、安全管理层面等。

在硬件层面，可信计算技术通过对计算机硬件进行安全加固，提高硬件的安全性能。这包括采用安全的处理器、内存、硬盘等关键部件，以及实施物理隔离、加密等措施，防止硬件被非法拆卸、篡改或破坏。此外，可信计算技术还支持安全启动、安全运行等功能，确保硬件在系统启动和运行过程中始终保持安全状态。

在操作系统层面，可信计算技术通过引入安全模块、权限控制、审计等机制，实现对操作系统的保护。例如，可信计算技术可以在操作系统内核中集成安全模块，对系统调用、文件操作等敏感操作进行监控和控制；同时，可信计算技术还可以实现用户权限的精细化管理，确保用户只能访问和使用自己被授权的资源和服务。

在应用软件层面，可信计算技术通过提供安全开发工具、运行时保护等手段，帮助开发人员编写安全的应用程序。例如，可信计算技术可以提供代码混淆、数据加密等安全开发工具，帮助开发人员隐藏源代码中的敏感信息；同时，可信计算技术还可以在应用程序运行时对其行为进行监控和控制，防止恶意代码的执行。

在数据安全层面，可信计算技术通过对数据的加密、备份、恢复等措施，确保数据在存储和传输过程中的安全。例如，可信计算技术可以采用对称加密算法、非对称加密算法等多种加密方法，对敏感数据进行加密保护；同时，它还可以实现数据的定期备份和异地存储,防止意外损坏或丢失导致的数据损失。

在安全管理层面,可信计算技术通过安全策略的实施、对安全事件的检测和响应等手段,实现对整个信息系统的安全监控和管理。例如,通过可信计算技术可以建立完善的安全策略体系,包括访问控制策略、安全审计策略等;同时,还可以实现对安全事件的实时检测和报警,以便及时采取相应的措施。

4.7.3 联邦学习

联邦学习技术作为一种分布式机器学习技术,可以在不泄露数据的情况下,将多个设备或机构之间的数据进行联合训练,从而提高模型的准确性和安全性。

联邦学习是一种分布式机器学习技术,它可以在不泄露数据的情况下,将多个设备或机构之间的数据进行联合训练,从而提高模型的准确性和安全性。在智慧校园中,联邦学习技术可以用于学生数据分析、教育资源优化等方面。为了保障信息安全,智慧校园中的联邦学习技术需要采取一系列措施。

第一,采用加密算法对数据进行加密处理。加密算法可以有效地保护数据的隐私性,防止未经授权的人员获取敏感信息。在智慧校园中,联邦学习技术需要采用安全的加密算法对数据进行加密处理,以确保数据的安全性。同时,加密算法也需要满足可证明的安全性要求,防止被攻击者破解。

第二,采用差分隐私技术对数据进行保护。差分隐私技术在保护数据隐私的同时,允许从数据集中提取有用的统计信息。在智慧校园中,联邦学习技术需要采用差分隐私技术对数据进行保护,以确保数据的隐私性和可用性。同时,差分隐私技术也需要满足一定的隐私保护要求,以防止被攻击者获取敏感信息。

第三,采用多因素认证技术对用户进行身份验证。多因素认证技术可以有效地提高用户身份的安全性,防止未经授权的人员访问系统。在智慧校园中,联邦学习技术需要采用多因素认证技术对用户进行身份验证,以确保用户身份的真实性。同时,多因素认证技术也需要满足一定的安全要求,以防止被攻击者通过其他方式获取用户的身份信息。

除了以上措施外,智慧校园中的联邦学习技术还需要采取其他一系列措施来保障信息安全。例如,采用可信计算技术确保数据的完整性和可靠性;采用安全的数据存储和管理技术确保数据的持久性和可用性;采用多层次的安全策略确保系统的整体安全性等。

4.8　智慧校园技术应用

4.8.1　校园基础服务设施应用

智慧校园技术的应用可分为两大类,基础业务和教学业务。第一类是校园、城市等基础服务设施的场景应用,校园和城市所需要的基础服务设施大同小异,在技术开发过程中,只需要对技术做简单迁移,即可实现校园场景下的应用;第二类是校园教学特有的业务路线,比如教务、教学平台的设计,是校园专有的一类业务,需要专门开发对应的应用。

在校园等场景的基础设施应用中,数字图书馆、校园监控等方面的应用较为常见。

数字图书馆是提供电子图书、电子期刊、多媒体光盘、网络数据库等数字化资源,实现移动化阅读的分布式信息系统。[98]随着移动通信技术的发展,移动阅读的内容越发丰富,5G 技术能更有力地支持高清视频、三维素材等大数据的传输。如其结合 VR(虚权现实)、AR(增调现实)技术,构建虚拟图书馆,模拟图书馆咨询、检索、阅读等服务。其利用传感、GPS、RFID 等技术,建立虚拟场景与现实图书馆内部的位置关系,构建一个与真实场景一致的三维虚拟图书馆,让师生享受身临其境的服务。

在传感器、探测器、追踪摄像头等设备的帮助下,可以建立全覆盖、多角度、无死角的校园监控报警体系,为智慧校园安全、稳定、高效的运行提供保障。例如安装门窗传感器,实时感知办公室、设备室等场所门窗的开关状态,记录门窗开关信息;在重要场所、楼道出入口等设置红外报警探测区域,通过追踪摄像头实现智能分析、预警;在大门安装车辆识别系统,登记进出校园的车辆;在必要场所设置门禁系统,对进出人员进行身份识别。

这类技术应用不需要进行专门的开发设计,对于技术服务供应商来说,只需要根据教育需求稍加改造即可。即便如此,在实际使用中,我们仍需要充分结合教学业务的流程来优化技术路线,将一线反馈及时纳入产品的迭代升级中。

4.8.2 教学业务相关的技术应用

在智慧校园中,需要专门开发一些为教学业务服务的应用,这类技术应用中,教务管理系统、教学平台等较为常见。

智慧校园的教务管理系统是一个专门为学校开发的软件系统,用于管理学生选课、教师排课、考试安排、成绩录入等教务相关的事务。该系统可以提高教务工作的效率和准确性,方便学校管理各类教务。完善的智慧校园教务管理系统有助于更好地促进院校教务管理质量的提升。[99]各类学校都需要构建智慧校园教务管理系统,利用智慧校园平台实现教务管理的创新。

智慧校园的教学平台是一个在线教育平台,提供课程管理、教学资源共享、在线作业提交、在线考试等功能。教师可以在平台上发布课程内容、布置作业、批改作业,学生可以在平台上学习课程、提交作业、参与讨论。教学平台可以提供更加灵活和便捷的教学方式,提升学生的学习效果和教师的教学效果。在智慧教育背景下,学生课堂学习方式、教师课堂教学方式与传统方式天差地别,学生进入主动学习状态,借助现代化信息技术开展学习[100]。

而围绕教学业务服务又有一些相关技术应用。这里介绍三个典型的业务相关技术应用,分别是自动解题系统、自适应学习系统和智能教育机器人。

1）自动解题系统

自动解题系统是一种利用计算机技术,通过模拟人类的思维过程,对给定的问题进行分析、推理和求解的智能系统。它可以帮助用户在各种学科领域解决复杂的问题,提高解题效率,节省时间和精力。自动解题系统的应用领域非常广泛,包括数学、物理、化学、生物、地理、历史等各个学科,以及工程技术、经济管理等领域。

自动解题系统的基本原理是先通过建立问题的知识表示模型,将问题转化为计算机可以处理的形式,然后利用计算机的计算能力和逻辑推理能力,对问题进行求解。自动解题系统的核心是知识表示和推理机制。知识表示是将问题所涉及的知识以一定的结构形式存储在计算机中,使计算机能够理解和处理这些知识。推理机制是根据已知的知识,通过逻辑推理和计算,推导出问题的解。

自动解题系统的关键技术包括:

(1)知识表示。知识表示是将问题所涉及的知识以一定的结构形式存储在计算机中。常见的知识表示方法有产生式规则、框架、语义网络、本体等。产生式规则是一种简单直观的知识表示方法,它将知识表示为"如果……那么……"的形式,适用于描述事实和规则。框架是一种结构化的知识表示方法,它将知识组织成层次化的结构,将每个层次称为一个框架,以清晰表达概念之间的关系,如将概念"人"作为一个层次,其下一层包括"性别""年龄"等。语义网络是一种图形化的知识表示方法,它将知识表示为节点和边的集合,边用于表述节点之间的关系,例如"是""属于"等。本体是一种结构化的知识表示方法,它将知识表示为概念、属性和关系的集合,适用于描述领域内的概念和关系。

(2)推理机制。推理机制是根据已知的知识,通过逻辑推理和计算,推导出问题的解。常见的推理方法有基于规则的推理、基于案例的推理、基于模型的推理等。基于规则的推理是一种直接推理方法,它根据已知的规则,推导出问题的解。基于案例的推理是一种类比推理方法,它根据已知的案例,推导出问题的解。基于模型的推理是一种模拟推理方法,它根据已知的模型,推导出问题的解。

(3)问题分解。问题分解是将复杂的问题分解为若干个简单的子问题,从而更好地理解和解决该问题。这些子问题可以是相对独立的,也可以是相互关联的。问题分解可以提高问题的可解性,降低问题的复杂度。常见的问题分解方法有分治法、回溯法、贪心法等。分治法是一种先将问题分解为若干个相互独立的子问题,然后分别求解子问题,最后将子问题的解组合成原问题的解的方法。回溯法是一种通过试探和回溯的策略,逐步缩小问题空间,最终找到问题的解的方法。贪心法是一种通过每一步都选择局部最优解的策略,逐步逼近全局最优解的方法。

(4)优化算法。优化算法是在求解过程中,通过调整问题的求解策略,提高求解效率的方法。常见的优化算法有动态规划、遗传算法、蚁群算法等。动态规划是一种先通过将问题分解为若干个相互重叠的子问题,然后从底向上求解子问题的方法。遗传算法是一种通过模拟自然选择和遗传的过程,逐步优化问题的解的方法。蚁群算法是一种通过模拟蚂蚁觅食的过程,逐步优化问题的解的方法。

自从大语言模型横空出世,利用其实现自动解题就成了一个热门应用。Cursor 是一款基于人工智能技术的代码编辑器,它利用了 OpenAI GPT-3 的强大编程能力,为用户提供了一种全新的编程体验。通过 GPT 的辅助,Cursor 能够实现智能生成代码、修改 Bug 以及生成测试等操作,极大地提高了编程效率和准确性。用户只需输入自然语言描述,Cursor 就能根据描述自动生成相应的代码。这大大简化了编程过程,降低了编程门槛,使得非专业人士也能轻松编写代码。当用户遇到难以理解的代码时,Cursor 可以为用户提供详细的解释和分析,帮助用户更好地理解代码的功能和原理。Cursor 还能够自动检测代码中的错误,并提供相应的修复建议。这大大提高了代码质量,减少了调试时间。Cursor 甚至还可以根据用户的需求生成相应的测试用例,确保代码的正确性和稳定性。

目前,也有许多开源大模型支持代码方面的自动解题。例如,上海人工智能实验室的书生·浦语大语言模型的升级版对话模型 InternLM-Chat-7B v1.1,能够根据需要灵活调用 Python 解释器等外部工具,大大提升了大语言模型在解决复杂数学计算等任务上的能力。

大语言模型虽然在对话能力上表现出色,但是在数学计算等复杂场景下,依然具有一定的局限性,例如,模型虽然可以完成小数字的基本运算,但是难以进行大数运算。此时,如果有代码解释器或者计算器等工具进行辅助,就能够比较方便地解决这类问题。

一般的大语言模型虽然知道计算公式,却无法正确计算出结果。但是,如果模型具有调用代码解释器的能力,就可以调用 Python 代码解释器对问题进行求解(见图 4-3)。可见,代码解释器等外部插件能够有效弥补模型的不足,提升模型解决实际应用中复杂问题的能力。

2) 自适应学习系统

自适应学习系统(Adaptive Learning System, ALS)是一种基于人工智能和大数据技术的个性化教育解决方案。它通过收集和分析学生的学习数据,自动调整教学难度和进度,以满足不同学生的学习需求。自适应学习系

图 4-3 大语言模型解题

统的核心理念是"以学生为中心",旨在提升学生的学习效率,降低教师的工作负担。

自适应学习系统的发展可以追溯到 20 世纪 60 年代,当时计算机辅助教学(Computer-Assisted Instruction, CAI)开始兴起。随着计算机技术的发展,教育领域逐渐认识到计算机在个性化教学方面的巨大潜力。20 世纪 80 年代提出的"智能教学系统"(Intelligent Tutoring System, ITS),是自适应学习系统的雏形。20 世纪 90 年代,随着互联网的普及和大数据技术的发展,自适应学习系统得到了快速发展。许多研究者开始关注如何利用计算机技术实现个性化教学,以提高学生的学习效率。进入 21 世纪,随着人工智能技术的突破,自适应学习系统逐渐成为教育领域的研究热点。

自适应学习系统的原理主要包括以下几个方面:

(1) 个性化学习路径。根据学生的学习能力、兴趣和需求,为每个学生制定个性化的学习路径。这需要对学生的学习数据进行深入分析,以便了解他们的学习特点和需求。

(2) 动态调整教学内容。根据学生的学习进度和掌握程度,动态调整教学内容的难度和深度。这有助于确保学生始终处于适当的学习挑战水平,从而提高学习效果。

（3）实时反馈与评估。通过对学生的学习过程进行实时监控和评估，为学生提供及时的反馈和建议。这有助于学生及时发现自己的问题，调整学习方法，提高学习效果。

（4）智能推荐与推送。根据学生的学习数据和兴趣，智能推荐相关的学习资源和活动。这有助于激发学生的学习兴趣，拓宽学习视野。

其中 Knewton 是一个典型的自适应学习平台。其核心目标是为学生提供预测性分析及个性化推荐。Knewton 的主要产品是在线学习工具，这款工具能够针对每一位学习者的个性化需求进行适配。

Knewton 所做的是基于规则的自适应学习，即学生自己定步调，决定学习的节奏。它通过分析数据来了解学生掌握了哪些知识，然后为他们推荐下一步的学习内容，从而帮助更多学生掌握学习材料并取得进步。此外，Knewton 的分析技术能够找出知识差距并预测学习效果，帮助教育工作者、学生家长和管理人员更好地为每个学生提供支持。

简单地来说，Knewton 为使用者构建成熟、实时的学生数据分析，对每一个知识点进行细分，对每一位学生进行单独的分析，这可以让使用者得到独一无二的学习帮助。总的来说，Knewton 致力于利用先进的数据分析技术和个性化学习方法，为全球的学生提供更加高效和个性化的学习体验。

3）智能教育机器人

智能教育机器人是一类结合了人工智能技术和教育理念的创新产品，旨在为学生提供个性化、互动式的学习体验，并成为他们的良师益友。这些机器人具备多种功能和特点，能够陪伴学生学习和成长，起到亦师亦友的作用。

首先，智能教育机器人具备强大的学习能力和知识储备。它们通过内置的人工智能算法和大数据分析技术，能够快速获取和处理大量的学习资源和信息。无论是学科知识、技能培养还是兴趣爱好，智能教育机器人都能够提供全面而深入的学习内容，满足学生的不同需求。

其次，智能教育机器人具备个性化教学的能力。它们能够根据学生的学习情况和兴趣特点，量身定制学习计划和教学内容。通过与学生的互动和反馈，智能教育机器人能够不断调整教学策略，提供更加贴合学生需求的学习体验。这种个性化教学的方式，能够激发学生的学习兴趣和积极性，提高学习效果。

再次，智能教育机器人还具备互动交流的能力。它们能够与学生进行自然语言对话，理解学生的问题和需求，并给予及时的回应和解答。通过与学生的互动交流，智能教育机器人能够与学生建立起师生之间的信任和情感连接，使学生感受到被关注和理解的温暖。

最后，智能教育机器人还能够提供实时的学习反馈和评估。它们能够分析学生的学习表现和答题情况，及时发现学生的薄弱环节和问题所在。通过智能教育机器人的反馈和评估，学生可以了解自己的学习进展和不足之处，有针对性地进行学习和提高。

智能教育机器人的出现，为学生提供了一种全新的学习方式。它们不仅能够提供个性化、互动式的学习体验，还能够起到亦师亦友的作用，陪伴学生学习和成长。通过与智能教育机器人的互动和交流，学生可以获得更多的学习资源和支持，提高学习效率，提升学习和兴趣。

在电影《超能陆战队》中，大白是一个体型胖嘟嘟的充气充电型机器人，它在主人公成长的道路上一路陪伴和守护。随着技术的发展，这种在电影中的想象终将走向现实。

4.9　案例：智慧数据系统构建

制作一个数据库，数据库里有两张表：学生表和财务表。要求：能够根据学生在食堂的消费情况，记录校园卡内的余额变化。做到：输入学生学号，可以呈现学生的姓名、班级、所选课程、卡内余额和近 5 条消费记录；输入学号＋费用，扣除一次费用。

步骤：

（1）创建一个名为"smart-school. db"的数据库。

```
sqlite3 smart-school. db
```

（2）创建两个表，分别为学生表和财务表。

（a）创建一个名为"students"的学生表。该表包括以下字段：学生 ID，姓名，班级，选的课程和卡内余额。

```
CREATE TABLE students (
id INTEGER PRIMARY KEY,
    name TEXT NOT NULL,
    class TEXT NOT NULL,
    course TEXT NOT NULL,
    balance INTEGER NOT NULL
);
```

（b）创建一个名为"finance"的财务表。该表包括以下字段：学生 ID，交易时间，交易金额。并且在财务表中定义了一个外键与学生表建立关联。

```
CREATE TABLE finance (
id INTEGER PRIMARY KEY,
    student_id INTEGER NOT NULL,
    time TEXT NOT NULL,
    amount INTEGER NOT NULL,
    FOREIGN KEY (student_id) REFERENCES students (id)
);
```

（3）添加数据。

（a）向学生表中添加一些示例数据。

```
INSERT INTO students (id, name, class, course, balance) VALUES
(1,'张三','一班','数学',100),
(2,'李四','二班','英语',200);
```

（b）向财务表中添加一些示例数据。

```
INSERT INTO finance (student_id, time, amount) VALUES
(1,'2023-05-05 09:55:23',50),
(1,'2023-05-05 10:01:17',30),
(2,'2023-05-05 10:12:51',20),
```

```
(1,'2023-05-05 10:15:05',25),
(2,'2023-05-05 10:20:12',15),
(1,'2023-05-05 11:55:23',20),
(1,'2023-05-05 12:01:17',35),
(2,'2023-05-05 13:12:51',20),
(1,'2023-05-05 14:15:05',25),
(2,'2023-05-05 15:20:12',15);
```

（4）编写 SQL 语句。

（a）筛选学生记录。

根据学生 ID 显示姓名、班级、选的课程、卡内余额和近 5 条消费记录使用 SELECT 语句，结合 LEFT JOIN 子句（左连接）来获取指定学生的姓名、班级、选的课程、卡内余额和最近的 5 笔交易记录，其中 ORDER BY（默认按照升序对记录进行排序）和 LIMIT 子句用于对结果进行排序和限制数量。

```
SELECT students. name, students. class, students. course, students.
balance, finance. time, finance. amount
FROM students
LEFT JOIN finance ON students.id=finance. student_id
WHERE students.id=〈student_id〉
ORDER BY finance. time DESC
LIMIT 5;
```

（b）扣除消费费用。

根据学生 ID 和费用扣除一次费用。使用 UPDATE 语句来更新学生表中的余额，使用 INSERTINTO 语句将新的消费记录插入到财务表中。其中，使用了 SQLite 内置函数 strftime() 来获取当前时间并将其格式化为字符串。

```
UPDATE students SET balance=balance-〈amount〉
WHERE id=〈student_id〉;
INSERT INTO finance (student_id,time,amount) VALUES
(〈student_id〉,strftime('%Y-%m-%d %H:%M:%S','now'),〈amount〉,'
消费');
```

校园一卡通消费分析系统其实是一卡通消费系统中的一个模块,这个是互联网大数据技术在一卡通系统中应用的一个体现,当然也是智慧校园建设的重要组成部分。在大数据的概念以及相关技术进入校园一卡通消费系统以后,在核心上,消费数据的收集、记录、整理变得更加方便,这些数据被收集起来以后便可形成数据矩阵,通过不同数据的组合与比较,商家便很容易看出经营方面的相关情况,比如一段时间内的成本和收益是什么情况,又如某段时间内,哪些菜品或者商品卖得相当好,哪些菜品卖不出去,需要减少备货等。所以说校园一卡通消费分析系统在消费系统中发挥了非常重要的作用,不仅给商家带来了一定的便利,同时也响应了国家减少浪费,提高资源利用率的号召。

思考实践

智慧校园中的先进技术已经成为教育领域关注的焦点。智慧校园将传统校园与各种新兴技术相结合,实现校园管理的智能化、教学资源的共享化、师生互动的便捷化等。请检索近 1 年内的技术领域最新发展报告,分析其中哪些关键技术可以被应用到智慧校园的建设中去。

第 *5* 章
创新应用实践

　　创新应用实践可以帮助教师和学生更好地理解物联网和智慧校园的基本理论与技术体系。本章将通过三个案例,从项目背景、技术分析、实现路径等方面,详细介绍如何实现相关实践案例的制作。

　　三个案例由易到难,第一个案例介绍了校园内用电设施物联网数据的感知和可视化,第二个案例分析了校门口文明检查的图像数据机器视觉技术,实现智能化文明礼仪提醒,第三个案例剖析了智慧助教中的自然语言处理技术,包含语音识别、对话生成和语音合成等,并介绍了大语言模型等本地化部署流程。

5.1　入门案例:智慧教室能耗管理与可视化

5.1.1　项目背景

　　学校一般可以划分为教学区、生活区、办公区,无论哪个区域都离不开用电。有时学生去上体育课了,教室内空无一人,但空调和灯依然开着。这时,如果使用物联网传感器,感应教室内是否有人,将情况反馈到值班室,进行数据可视化展示,就可以远程控制电路用电。

5.1.2　技术分析

　　HomeAssistant 是一款开源的物联网终端管理系统,可以兼容市面上绝大多数的厂商物联网产品,也可以自行开发接入,支持的插件众多,因此,本项目选用 HomeAssistant 作为可视化系统的底层。工作过程:先使用人体红外传感器感应教室内是否有人,再将数据通过 MQTT 协议发送到 MQTT 服务器上;通过可视化终端设备运行 HomeAssistant 将数据显示在网页界面上;值班室管理员可以先结合教室监控确认,然后下发控制指令,控制教室物联网电器的开启与关闭,也可以设置自动化规则,自动触发关闭指令。

5.1.3 实现路径

1) 将 yeelight 接入 HomeAssistant

首先将 yeelight 设备接上电,连上网络。然后打开 HomeAssistant(以下简称 HASS),选择左侧下方的"配置",选择"设备与服务"(见图 5-1)。

图 5-1　HASS 的配置

进去后选择右下角"添加集成"(见图 5-2),在"搜索集成"中搜索"yeelight",选择后直接点击提交,HASS 就会开始搜索周围连入网络的 yeelight 设备,在成功搜索到结果后,选择"提交"。

当在集成中看到新出现的 Yeelight 设备或 Yeelight 设备中出现了新的

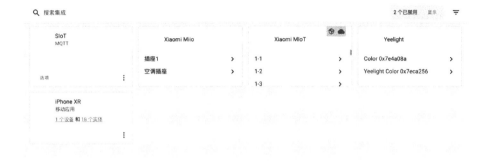

图 5-2　添加集成

设备编号，那就代表已经成功把 yeelight 接入 HASS 了。

2）采集教室内人体红外数据

使用物联网终端设备，例如 Arduino、ESP32-C3、掌控板等开源硬件，结合物理传感器，将数据发送到 SIoT 平台上，就能实现感知与数据采集能力。这里以 ESP32-C3 开发板为例，使用其 Micro Python 编程模式，为其烧录程序如下：

```
from siot import iot
import time
from machine import Pin

SERVER='* * * * * * * *'          #SIoT 服务器 IP
CLIENT_ID=''                       #在 SIoT 上，CLIENT_ID 可
                                    以留空
IOT_pubTopic='xzr/001'            #"topic"为"项目名称/设备名称"
IOT_UserName='siot'               #用户名
IOT_PassWord='dfrobot'            #密码
```

```python
def WIFIconnect():
    import network
    ssid='ercdee'                    #WiFi 名称
    password='12345678'      #WiFi 密码
    station=network.WLAN(network.STA_IF)
    station.active(True)
    station.connect(ssid,password)
    while station.isconnected()==False:
        pass
    print('Connection successful')
    print(station.ifconfig())     #连接成功


WIFIconnect()
siot=iot(CLIENT_ID, SERVER, user=IOT_UserName, password=
IOT_PassWord)
siot.connect()
people=Pin(5,Pin.IN)     #将人体红外传感器连接到 5 号数字引脚


while True:
    if people.value()==1:#识别到有人在教室,发送开灯指令
        message='{ "rgb":[200,1,114], "bright":76}'
    else:                           #否则,将亮度置 0,即关灯
        message='{ "rgb":[200,1,114], "bright":0}'
    siot.publish(IOT_pubTopic,message)
    time.sleep(10)
```

3) 发送 MQTT 消息

首先,在本地启动 SIoT 物联网平台,然后启动上一步烧录好程序的物联网终端设备,设备每隔 10 秒会将经过分析的人体红外传感器的感应数据转换为控制指令,发送到物联网平台上。

如图5-3所示,控制指令的编码为 json 格式,指令编码到含义为控制灯的色彩"rgb"值为[200,1,114],亮度"bright"为76。

图5-3 来自终端的 SIoT 消息

4）将 SIoT 接入 HASS

将 SIoT 接入 HASS 时,我们同样打开 HASS,进入图5-1中的"设备与服务"中,选择"添加集成",随后搜索"MQTT"。选择后,在服务器中输入 SIoT 的 IP 地址,在用户名与密码中对应输入 SIoT 的用户名与密码。点击"提交"。如果集成中出现了 MQTT 那么就代表已经成功将 SIoT 接入 HASS 了。

5）添加自动化指令

首先,打开 HASS,选择"配置"中的"场景自动化"。然后,选择右下角的"添加自动化",选择下方"从空的自动化开始"（见图5-4）。

进入后在名称一栏中填入自动化的名称。在下方触发条件中,把触发条件类型选择为 MQTT,在主题中填入 SIoT 中的你希望能用来控制灯光颜色的 topic（即上方 python 代码中在 IOT_pubTopic 后填写的 topic（见图5-5）。

向下滑动至动作处。

把动作类型选为"调用服务",服务选择中选择"灯光：Turn on",在下方选择设备处选择你想要控制的 yeelight 设备（设备名称可以在设备与服务处查看）,再把下面 Brightness 勾选起来,把圆点拖到任意位置（见图5-6）。

物联网与智慧校园

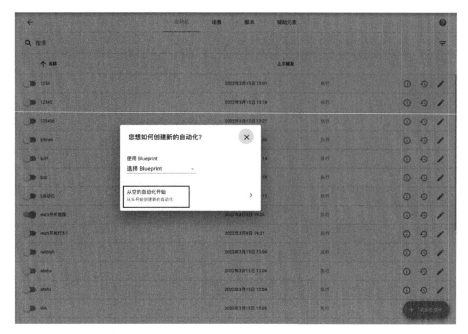

图 5-4　新建自动化

图 5-5　自动化配置

动作

"动作"是当自动化条件满足时 Home Assistant 执行的操作。
详细了解动作

动作类型
调用服务

服务
灯光: Turn on

Turn on one or more lights and adjust properties of the light, even when they are turned on already.

目标
该服务作用于哪些区域、设备或实体。

选择设备

＋ 选择区域　＋ 选择设备　＋ 选择实体

☐ Transition
Duration it takes to get to next state.
seconds

☐ Brightness
Number indicating percentage of full brightness, where 0 turns the light off, 1 is the minimum brightness and 100 is the maximum brightness supported by the light.
%

☐ Brightness step
Change brightness by a percentage.
%

☐ Effect
Light effect.

保存

图 5-6　设置调用服务

随后点击右上方三个点，选择以"YAML 编辑"，此时界面会替换为图 5-7 的样式。

以 YAML 编辑

```
1  service: light.turn_on
2  target:
3    device_id: a7357ec73d9832fa4414a905e74140df
4  data:
5    brightness_pct: 26
6
```

图 5-7　转换为 YAML

此时按照下面代码对自动化进行修改，除了 device_id 会随不同设备变化，其余内容按图 5-8 所示填写即可。这样，就能够实现通过 MQTT/SIoT

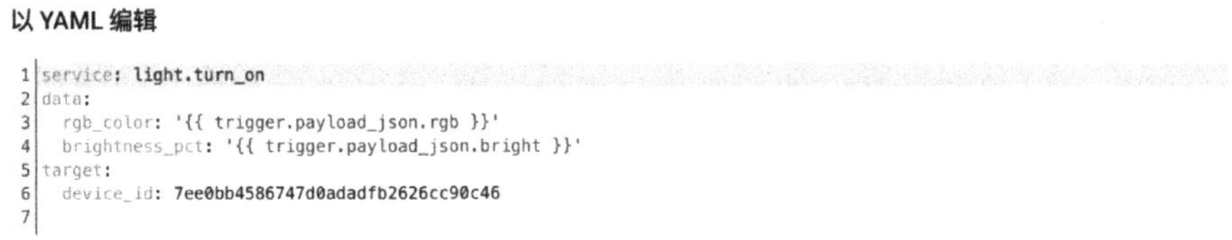

以 YAML 编辑

```
1  service: light.turn_on
2  data:
3    rgb_color: '{{ trigger.payload_json.rgb }}'
4    brightness_pct: '{{ trigger.payload_json.bright }}'
5  target:
6    device_id: 7ee0bb4586747d0adadfb2626cc90c46
7
```

图 5-8　编辑 YAML

消息控制教室内灯光的功能。

6）数据可视化

下面按照类似方法，继续添加其他用电设备和传感器，可以添加门铃、摄像头、温湿度传感器等各式各样的设备，HASS 支持各类厂商的绝大多数设备。我们可以编写类似的 YAML 自动化代码进行自动化监控管理，亦可通过如图 5-9 所示的可视化面板及时查看和控制已添加的设备。

图 5-9　可视化效果

需要指出的是，这里的控制并不像传统的开关那样，直接控制设备电源的通断，而是通过消息传递的形式，将消息通过无线传输协议传递给正在工作的设备本身，由设备本身来解析控制消息并处理。也就是说，即使一盏智能灯处于关闭状态，也仅仅是光源的关闭，并不是智能灯断电不工作，其消息指令接收和处理的部分仍然在运作中。当然，这部分通信的耗电量在休眠机制和优秀的通信协议优化下，微乎其微，甚至可以在校园能源管理中忽略。

因此，引入智能的教室能耗管理可视化方案，可以进一步提升教室的智能化水平，并降低校园的能源消耗，促进绿色校园建设。

5.2 进阶案例：基于视觉识别的文明礼仪哨兵

5.2.1 项目背景

在中小学校中，为培养良好校风，每天早上会有值班的老师和轮岗的同学在校门口检查入校的学生是否穿着校服并佩戴红领巾等。这样的工作是一项简单重复而又繁琐的工作，而 AI 最擅长的就是简单重复的工作。因此可以将这类任务交给 AI 来处理。这里以判断是否佩戴红领巾为例，介绍开发一个智能文明礼仪哨兵系统的过程。

5.2.2 技术分析

该项目希望通过计算机视觉和人工智能的技术，实现对学生是否佩戴红领巾进行检测，从技术角度可以理解为对不同类别图像的分类任务，即将拍摄到的经过入校闸机的学生照片分为 yes/no 两类。这种计算机视觉问题可以简单地通过数据采集、模型训练、模型应用的流程完成。最后，还可以为系统添加语音提示和闸机控制等功能。

如果这个任务是一个常见的智能任务，可以直接调用 Workflow，以工作流的形式实现，Hugging Face、魔搭社区等均提供了工作流的 AI 模型和解决方案。如果使用 XEduHub 的 Workflow 处理，代码如下：

```
from XEdu. Hub import Workflow as wf
body_det＝wf(task＝'bodydetect')
img＝'data/body.jpg'
result, img_with_box＝body_det. inference(data＝img, img_type＝'cv2')
format_result＝body_det. format_output(lang＝'zh')
body_det. show(img_with_box)
body_det. save(img_with_box,'img_with_box.jpg')
```

但是，这里的任务需要区分是否佩戴红领巾，是一个特殊的 AI 分类任务，需要自主收集数据集并训练模型，最终生成推理代码。可以使用的训练框架很多,如 PyTorch、TensorFlaow 等。如果使用 MMEdu 的 MMClassification 来处理,训练代码如下:

```
from MMEdu import MMClassification as cls
model=cls(backbone='LeNet')
model.num_classes=2
model.load_dataset(path='./dataset')
model.save_fold='./my_model'
model.train(epochs=10,validate=True)
```

完成训练后,可以将模型转换为 onnx 模型进行部署,转换代码为:

```
model.convert(checkpoint='./my_model/latest.pth', out_file='./my_model/convert_model.onnx')
```

最终的部署同样可以用 XEduHub 的 Workflow 处理,代码如下:

```
from XEdu.hub import Workflow as wf
mmedu=wf(task='mmedu', checkpoint='convert_model.onnx')
img='test.jpg'
result, new_img=mmedu.inference(data=img, img_type='pil', show=True)
format_result=mmedu.format_output(lang='zh')
mmedu.show(new_img,'mmedu_img.jpg')
```

5.2.3　实现路径

1) 数据采集

首先在校园入校闸机处将每种情况下出现的状态拍照,将对应类别的照片分别放入文件夹中,整理整齐,以 ImageNet 格式规范为宜(见表 5-1)。

表5-1 采集的数据与分类

可以调用 python 代码进行图像的采集,采集图像的代码如下:

```
import cv2
from time import sleep
cap＝cv2. VideoCapture(0)
sleep(1)
for I in range(n):
    ret,frame＝cap. read()
    cv2. imshow("my photo",frame)
    cv2. waitKey(100)
    cv2. destroyAllWindows()
cv2. imwrite(gen_name(),frame)    ＃gen_name 函数为生成保存图片名
字的函数,可以使用时间戳函数来实现。
cap. release()
```

图像采集完成后,将其整理进入"yes"和"no"两个文件夹,"yes"中保存正确佩戴红领巾的图像(见图5-10),"no"中保存没有正确佩戴红领巾的图像。分类后的文件夹"yes"和"no"保存在"D:/dataset"文件夹中。

2) 模型训练

通过 MMEdu 进行图像分类任务的训练。

第一步为导入库、实例化模型。

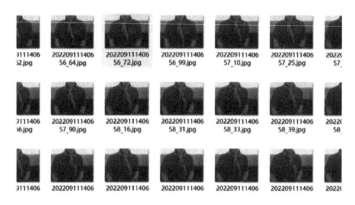

图 5 - 10 采集图像与分类文件夹

```
from MMEdu import MMClassification as cls
model=cls(backbone='LeNet')
```

第二步为配置基本信息。AI 模型训练的基本信息有 2 类,分别是图片分类的类别数量(model. num_classes)、模型保存的路径(model. save_fold)及数据集的路径(model. load_dataset)。

```
model. num_classes=2   #yes/no 共 2 类
model. load_dataset(path='D:/dataset')
model. save_fold='D:/checkpoints'
```

第三步为开始训练模型。接下来使用 model. train()就可以开始训练了。核心参数是 epochs,即轮次。如果数据集图片比较多,又是全新训练的,一般都需要 100 多轮才会有较好的表现。如需启动 GPU 训练,在参数中加入 device='cuda'即可,若无,则去掉。

(a) CPU 训练。

```
model. train(epochs=10, lr=0.01, validate=True)
```

（b）GPU 训练。

```
model.train(epochs=10, lr=0.01, validate=True, device='cuda')
```

第四步是更换网络模型再次训练模型。修改网络名称，再次训练应修改模型保存路径，为本次训练指定一个新的保存路径。

```
model=cls(backbone='MobileNet')    #指定网络名称为'MobileNet',其他
选择可以是'ResNet50','ResNet18'
model.num_classes=2
model.load_dataset(path='D:/dataset')
model.save_fold='D:/checkpoints_MobileNet'    #指定新的保存路径
model.train(epochs=10, lr=0.01, batch_size=4, validate=True,
device='cuda')
```

可以发现，更换 MobileNet 网络的训练效果比 LeNet 更佳，因此最终选择 MobileNet 神经网络。

3）模型应用

首先网络名称和权重需要对照着修改，修改为我们训练的 checkpoints_MobileNet 模型的权重文件和对应的网络名称。

```
model=cls(backbone='MobileNet')
checkpoint='D:/checkpoints_MobileNet/best_accuracy_top-1_epoch_
10.pth'
```

接下来指定一张图片，开始推理并输出结果（见图 5-11）。

```
img_path='test.jpg'
result=model.inference(image=img_path, show=True,
                       checkpoint=checkpoint)
model.print_result(result)
```

图 5-11　推理结果效果

　　输出结果为：

检测结果如下：
[{'标签': 1, '置信度': 0.8764464855194092, '预测结果': 'yes'}]

　　可以看到，拍摄的这张图片（见图 5-11）被识别为 yes，即佩戴了红领巾，效果较好。

　　第五步是语音提示输出。

```
if result[0]['置信度']>0.6:
    print(result[0]['预测结果'])
    if result[0]['标签']==0:
        pyttsx3.speak('警报!请佩戴红领巾!')
    else:
        pyttsx3.speak('欢迎进校!')
```

　　第六步为实现连续拍照反馈的应用。Pyttsx3 是一个建议的语音合成库，利用这个库，可以将多种语言的文字合成为语音，通过喇叭播放出来。

```
import pyttsx3
cap＝cv2.VideoCapture(0)
print('一秒钟后开始拍照……')
sleep(1)
for i in range(10):
    ret,frame＝cap.read()
    cv2.imwrite('my_photo.jpg',frame)
    model＝cls(backbone='MobileNet')
    res＝model.inference(image='my_photo.jpg',show＝False,
    checkpoint=' D:/checkpoints_MobileNet/best_accuracy_top-1_epoch_
10.pth')
    result＝model.print_result(res)
    if result[0]['置信度']＞0.6:
        print(result[0]['预测结果'])
    if result[0]['标签']＝＝0:
        pyttsx3.speak('警报！请佩戴红领巾！')
    else:
        pyttsx3.speak('欢迎进校！')
cap.release()
```

至此,已经完成了智能文明礼仪哨兵系统的开发,但可能测试效果并不完美。这是因为,采集图像时,可能没有考虑到图片的拍摄角度、光线等,可以通过扩充数据集,以再训练的方式进行完善。

5.3　高阶案例：基于大语言模型的智慧助教

5.3.1　项目背景

有一些学生总是害怕面对老师,但又渴望得到学习上的指导,这时,就可以借助大语言模型,通过对话的方式,完成答疑指导。将大语言模型与传统的教学模式相结合可以带来许多益处。

第一，可以将大语言模型与传统课堂相结合，进行个性化教学和精准化教学。如此一来，语言学习中存在的许多问题如学习技能的差异、语言的差异、文化的影响等，可以被轻松解决。此外，大语言模型可以根据学生的学习情况和需求，个性化地推荐学习资源、制订学习计划，并根据学生的反馈进行调整，帮助学生更高效地学习语言。将两者结合能够将学生真正地放在教育教学的中心，专注不同学生的不同问题，实现个性化教学。

第二，大语言模型可以为学生提供实时的语法纠错、单词拼写建议和语句重构等功能，帮助学生更准确地使用语言并改善写作能力。

第三，大语言模型可以通过语音合成功能，为学生提供听力训练和口语练习材料，帮助学生提高口语表达能力。

第四，大语言模型可以生成各种日常对话、文章和新闻等语言素材，为教师提供丰富的教学资源，帮助学习者进行实际语言运用练习。

第五，大语言模型可以通过自然语言处理和对话生成技术，在虚拟环境中与学生进行交互，模拟实际语言使用情境，提升学生的语言交流能力和应对能力。

由此，我们可以制作一个基于大语言模型的智慧助教。

5.3.2 技术分析

1）大语言模型的技术原理

在技术原理方面，大语言模型是基于神经网络的自回归模型。这需要从多个层面进行理解。从技术原理的本质层面上看，大语言模型属于深度神经网络，其需要收集大量的经过清洗、分词等预处理操作后的文本数据作为训练语料，通过对训练语料的自监督学习获得语言特征，从而能够理解并生成与语言习惯一致的连贯的文本。从技术原理的结构层面上看，构建大语言模型会选择合适的神经网络架构，通常采用的是 Transformer 模型。

Transformer 模型是一种深度学习架构，它依赖于自注意力机制。自注意力机制可以依据输入数据的重要性的差异来分配不同部分的权重。提到 Transformer 模型就不得不提到循环神经网络（RNN）。Transformer 模型与 RNN 既有相同之处也有不同之处。相同的是，两者均设计用于处理顺序输入数据，如自然语言，可以应用于翻译和文本摘要等任务。不同的是，Transformer 模型可以一次性对所有输入数据进行处理。这是由于 Transformer 模型使用的自注意力机制允许模型在一个序列中的不同位置之间直接建立关联，从而可以并行处理整个序列。如果输入的数据是自然语言，那么 Transformer 模型的这种架构可以允许更多的并行计算，从而缩短训练的时长，而 RNN 一次只能处理一个自然语言的单词，相应的时间也会更长。

Transformer 模型的架构主要包含输入、编码器—解码器架构、缩放点积注意力以及替代架构等。

输入，指输入文本使用字节从而对编码进行标记化，每一个标记在词嵌入后会转换为向量。从而，标记的位置信息会被添加到词嵌入的向量中。

原始的 Transformer 模型使用的是编码器-解码器架构。就编码器而言，每个编码器主要由两个部分组成：一个自注意力机制和一个前馈神经网络。其中，自注意力机制接受来自前一个编码器的输入编码，并计算它们之间相关性从而生成输出编码。前馈神经网络则进一步独立地处理每一个输出编码。然后这些输出编码又会返回上级，作为输入传递给下一个编码器以及解码器。第一个编码器将输入序列的位置信息和嵌入而不是编码作为其输入。输入的位置信息向 Transformer 模型提供了必要的序列的顺序信息，这是 Transformer 模型中唯一利用到位置信息的部分[101]。就解码器而言，每个解码器由三个主要部分组成：一个自注意力机制、一个针对编码器的注意力机制和一个前馈神经网络。解码器的功能与编码器的功能相似，但解码器中插入了一个额外的注意力机制，这一注意力机制可以从编码器生成的编码中分析提取出相关的信息。这种机制也可以称为编码器-解码器注意力。

在编码器-解码器架构中，每个编码层的功能是确定输入数据的哪些部分之前存在关联性。它将这些编码作为输入再传递给下一个编码层。而每个解码层的功能与编码层的功能相反。解码层读取被编码的信息并使用集成好的上下文信息来生成输出序列。为了达到这一点，每个编码层和解码层都使用了注意力机制。对于每个输入，注意力会权衡每个其他输入的相关性，并从中提取信息以产生输出[102]。每个解码层都包含一个额外的注意力机制，在从编码层提取信息之前它会先从之前解码器的输出中提取信息。编码层和解码层都有一个前馈神经网络用于对输出进行额外处理，并包含残差连接和层归一化步骤。

Transformer 模型的基本构建单元是缩放点积注意力单元。当一个句子被传递到一个 Transformer 模型中时,缩放点积注意力单元可以在同一段时间内计算所有标记相互之间的注意力权重。注意力单元为上下文中的每个标记生成嵌入,其中包含有关标记本身的信息以及由注意力权重加权得到的其他相关标记的信息。

2) 语音识别的原理

语音识别(speech recognition)技术,也被称为自动语音识别、电脑语音识别或语音转文本识别,其目标是用电脑自动将人类的语音内容转换为相应的文字。与说话人识别及说话人确认不同,后者尝试识别或确认发出语音的说话人而非其中所包含的词汇内容。

语音识别属于模式识别的一个分支,其原理如图 5-12 所示,同时语音识别也属于信号处理科学的板块,并与多个学科有紧密的关系。模式识别的原理是在系统中存入多个标准的模式。当输入一个模式时,系统会将输入的模式与存在的标准模式进行比对。通过比对,系统会找出与输入模式最相似的一个标准模式,输入模式的类名也会采用该标准模式的类名进行输出。语音识别技术主要采用的是模式识别中的模式匹配原理,即将输入语音的模式与系统内存在的标准语音模式进行逐一比较,从中选取相似度最高的标准语音模式作为识别的结果输出。

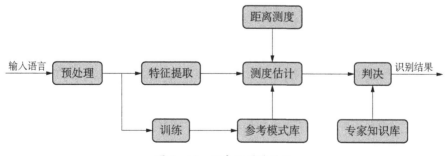

图 5-12　语音识别的原理

语音识别一般可分为训练模块和识别模块[103]。训练模块主要对声音进行学习,将学习结果构建并存储到语音库中,并在识别过程中在语音库中搜索当前听到的声音对应的语义或意义。识别模块根据目前主流的语音识别算法,对接收到的声音信号特征参数(即特征提取)进行分析,并根据既定的判断条件和标准与语音库的数据进行对比,最后得到语音识别结果[104]。

3)语音合成的原理

语音合成是将人类语音进行人工合成。用于此目的的计算机系统称为语音合成器,可以在软件或硬件产品中实现。文本转语音(TTS)系统是将正常语言文本转换为语音;其他系统可以将符号语言转化为语音[105]。合成语音可以通过连接存储在数据库中的录制语音片段来创建。系统由于所存储的语音单元的大小不同而有一定的差别。若需要存储音素或双音素,系统需要提供大量的输出范围,但可能缺乏清晰度。对于特定的使用领域,采用存储整个单词或句子的方式可以实现高质量的语音输出。此外,合成器可以结合声道模型和其他人类声音特征来创建完全"合成"的语音输出。语音合成器的质量高低是通过其与人声的相似度以及其清晰理解的能力来判断的。清晰的文本转语音程序可以让有视觉障碍或阅读障碍的人利用听觉理解语义并且完成工作等。

语音合成技术主要分为两个部分。一个叫作语言分析部分,也称为前端部分。前端部分主要分析输入的文字信息,从而生成对应的语言规格,即确定这一部分文字信息应该怎么读出。另一个叫作声学系统部分,也称为后端部分。后端部分主要是生成符合前端部分提供的语言规格的音频,从而完成声音的输出。

语言分析部分的主要流程如图5-13所示。

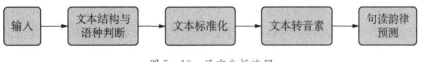

图5-13 语言分析流程

语言分析部分首先接收输入的需要合成的文字信息。然后判读输入文字属于哪一语种。不同的语种有不同的语法规则,系统会根据语种的语法规则将输入的文字划分成独立的句子。划分好的句子将被传入文本标准化模块,文本标准化模块主要是将文本中的非文字形式转化为文字形式,并且按照设置的规则作标准化处理。文本标准化完成后就进入了文本转音素的部分。文本转音素是通过分词、磁性句法分析的方法对文字进行标音,并且达到多音字消除歧义的目标。最后是句读韵律预测，语音合成的目的不只是为了将文字复述一遍，而是要将语言中附带的语气和情感一同表达出来。这就需要对文本韵律作判断以及对字词轻重发声作确定，从而实现声音的抑扬顿挫。

声学系统部分有多种技术实现方式，第一种常见的方式是波形拼接语音合成。波形拼接语音合成：首先在系统内存储大量的音库，然后对输入的文本作文本语言分析，将分析结果与音库进行比较，选择匹配的音节波形拼接，最后合成音频。第二种常见的方式是参数语音合成技术。参数合成技术：先利用数学方法对存储录音进行频谱特性参数建模，再利用建模构建映射关系，从而生成参数合成器。所以每当输入一段文字信息时，参数语音合成都会先按文本序列映射出对应的音频特征，再通过声学模型将音频特征转化为音频输出[106]。第三种常见的方式是端到端语音合成技术。端到端语音合成技术是通过神经网络的学习，达到输入文字信息或注音的字符时，系统会将其传送到黑盒部分，合成音频，输出语音。

技术应用：首先，学生通过语音形式向智慧助教发问，系统通过 whisper 模型实现对语音的识别，将问题转为文字；其次，通过 API 调用大语言模型接口，通过 Prompt 提示词工程强化其学科教师的能力，获得精准回答；最终，通过 Bark 语言模型，将回答的文本转换为语言，回复给学生。

5.3.3　实现路径

1）OpenAI 的 Whisper 模型（语音识别）

Whisper 是由 OpenAI 开源的一种通用的语音识别模型。它是在各种音频的大型数据集上训练的，也是一个多任务模型，可以执行多语言语音识别（见图 5 - 14）、语音翻译和语言识别。

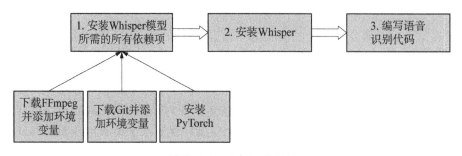

图 5 - 14　语音识别流程

```
import whisper
model=whisper. load_model("small")
audio=whisper. load_audio("录音.wav")
audio=whisper. pad_or_trim(audio)
mel=whisper. log_mel_spectrogram(audio). to("cpu")
_, probs=model. detect_language(mel)
print(f"Detected language: {max(probs, key=probs. get)}")
options=whisper. DecodingOptions(fp16=False)
result=whisper. decode(model, mel, options)
print(result. text)
```

2）大语言模型对话生成（以星火大模型 2.0 为例）

```
import SparkApi
#以下密钥信息从控制台获取
appid="* * * * * * * * * * * *"          #填写控制台中获取的 APPID
                                          信息
api_secret = "* * * * * *"                #填写控制台中获取的
                                          APISecret 信息
api_key = "* * * * * * * * * *"           #填写控制台中获取的
                                          APIKey 信息 123
domain="general"                          # v1.5 版本
#云端环境的服务地址
Spark_url="ws://spark-api. xf-yun. com/v1.1/chat"    #v1.5 环境的地址
text=[]
def getText(role, content):
    jsoncon={}
    jsoncon["role"]=role
    jsoncon["content"]=content
    text. append(jsoncon)
```

```
        return text
    def getlength(text):
        length=0
        for content in text:
            temp=content["content"]
            leng=len(temp)
            length+=leng
        return length
    def checklen(text):
        while (getlength(text)>8000):
            del text[0]
        return text
    if __name__=='__main__':
        text.clear
        while(1):
            Input=input("\n"+"我:")
            question=checklen(getText("user",Input))
            SparkApi.answer=""
            print("星火:",end="")
            SparkApi.main(appid,api_key,api_secret,Spark_url,domain,question)
        getText("assistant",SparkApi.answer)
        #print(str(text))
```

3) Bark 语音生成

Bark 项目是由 Suno 公司创建和维护的一个开源项目,旨在提供一个简单易用的 TTA 模型,让任何人都可以通过文本生成高质量的音频(见图 5-15)。

图 5-15　语音合成流程

```python
from bark import SAMPLE_RATE, generate_audio, preload_models
from scipy.io.wavfile import write as write_wav
from IPython.display import Audio


preload_models()


text_prompt="""
    Hello, my name is Suno. And, uh — and I like pizza. [laughs]
    But I also have other interests such as playing tic tac toe.
"""


audio_array=generate_audio(text_prompt)
write_wav("bark_generation.wav", SAMPLE_RATE, audio_array)
Audio(audio_array, rate=SAMPLE_RATE)
```

最终运行结果如图 5-16 所示。

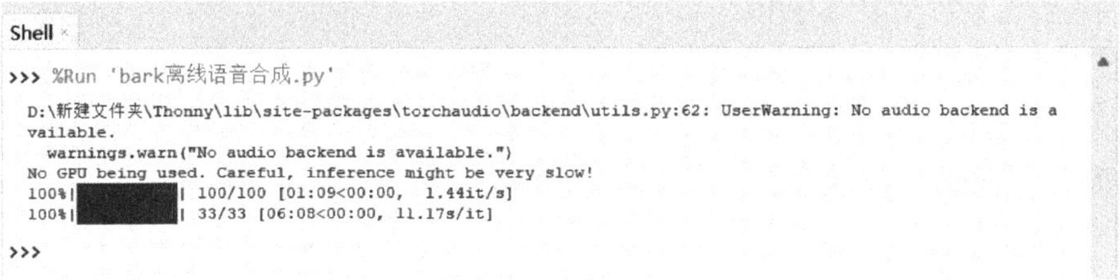

```
Shell ×
>>> %Run 'bark离线语音合成.py'
  D:\新建文件夹\Thonny\lib\site-packages\torchaudio\backend\utils.py:62: UserWarning: No audio backend is a
  vailable.
    warnings.warn("No audio backend is available.")
  No GFU being used. Careful, inference might be very slow!
  100%|        | 100/100 [01:09<00:00, 1.44it/s]
  100%|        | 33/33 [06:08<00:00, 11.17s/it]
>>>
```

图 5-16　语言合成运行结果

将以上三部分整合，即可完成智慧助教的设计。整合后的代码如下。

```python
import whisper
import SparkApi
from bark import SAMPLE_RATE, generate_audio, preload_models
from scipy.io.wavfile import write as write_wav
from IPython.display import Audio
```

```
model=whisper.load_model("small")
preload_models()
appid="* * * * * * * * * * * * *"      #填写控制台中获取的 APPID
                                        信息
api_secret="* * * * * * * *"            #填写控制台中获取的
                                        APISecret 信息
api_key="* * * * * * * * * * *"         #填写控制台中获取的
                                        APIKey 信息 123

domain="general"    # v1.5 版本
Spark_url="ws://spark-api.xf-yun.com/v1.1/chat"
text=[]


def getText(role,content):
    jsoncon={}
    jsoncon["role"]=role
    jsoncon["content"]=content
    text.append(jsoncon)
    return text


def getlength(text):
    length=0
    for content in text:
        temp=content["content"]
        leng=len(temp)
        length+=leng
    return length


def checklen(text):
    while (getlength(text)>8000):
```

```
        del text[0]
    return text

audio=whisper.load_audio("提问录音.wav")
audio=whisper.pad_or_trim(audio)

mel=whisper.log_mel_spectrogram(audio).to("cpu")
_,probs=model.detect_language(mel)
options=whisper.DecodingOptions(fp16=False)
result=whisper.decode(model,mel,options)

print(result.text)
question=checklen(getText("user",result.text))
SparkApi.answer=""
print("智慧助教:",end="")
SparkApi.main(appid,api_key,api_secret,Spark_url,domain,question)
text_prompt=getText("assistant",SparkApi.answer)
audio_array=generate_audio(text_prompt)
write_wav("bark_generation.wav",SAMPLE_RATE,audio_array)
Audio(audio_array,rate=SAMPLE_RATE)
```

　　至此,已经完成了智慧助教的设计,其中语音识别和语音合成均实现了本地化的运算,而对话的大语言模型依赖的仍然是网络模型的 API 接口。目前,本地运行大语言模型,还是需要较大的算力支持,普通的台式电脑难以承担这样的算力。如果学校的服务器设备有能力承接这类计算服务,可以尝试使用 LMDeploy 工具进行部署,目前已经支持 Llama－2 7B/13B、Qwen－7B、flash－attention2、Baichuan2－7B、InternLM－20B 等开源大语言模型的部署。其使用 TurboMind 的推理后端,整体比 DeepSpeed 提升效率 5%～15%,在 request throughput 指标上比 huggingface transformers 提升 2.3 倍,TurboMind 的效率比 vLLM 高 30%。下面以 internlm－chat－7b 为例,对大语言模型的部署流程进行简要介绍。

(1) 安装 LMDeploy。

```
pip install lmdeploy
```

(2) 获取 InternLM 模型。

```
#1. 下载 InternLM 模型

#Make sure you have git-lfs installed (https://git-lfs.com)
git lfs install
git clone https://huggingface. co/internlm/internlm-chat-7b/path/to/
internlm-chat-7b

#if you want to clone without large files - just their pointers
#prepend your git clone with the following env var:
GIT_LFS_SKIP_SMUDGE=1

#2. 转换为 trubomind 要求的格式.默认存放路径为./workspace
python3 -m lmdeploy. serve. turbomind. deploy internlm-chat-7b/path/to/
internlm-chat-7b
```

(3) 使用 turbomind 推理。

```
python3 -m lmdeploy. turbomind. chat ./workspace
```

(4) 启动 gradio server(见图 5 - 17)。

```
python3 -m lmdeploy. serve. gradio. app ./workspace
```

(5) 通过 Restful API 部署服务。

使用下面的命令启动推理服务:

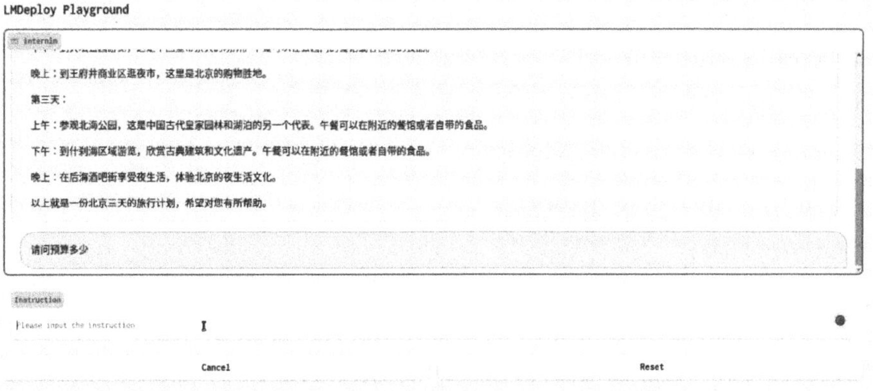

图 5-17　LMDeploy 的 Gradio 应用界面

```
python3 -m lmdeploy. serve. openai. api＿server ./workspace server＿ip
server_port −instance_num 32 --tp 1
```

启动之后，就可以利用本地的 Restful API 来替换上面智慧助教所使用的网络 API，实现本地化的大语言模型部署。

此外，魔搭社区还有更多好用的工具和模型，可进一步降低 AGI 领域的应用开发门槛。作为我国 AI 领域知名的开源共享平台，对标 HuggingFace。魔搭社区旨在打造下一代开源的模型即服务共享平台，为泛 AI 开发者提供灵活、易用、低成本的一站式模型服务产品，让模型应用更简单。

一段简单的大语言模型调用示例代码如下：

```
from modelscope import snapshot_download, AutoTokenizer, AutoModel-
ForCausalLM import torch
model_dir＝snapshot_download('Shanghai＿AI＿Laboratory/internlm-chat-
7b-v1_1', revision＝'v1.0.1')
tokenizer＝AutoTokenizer. from_pretrained(model＿dir, device＿map＝"
auto", trust_remote_code＝True, torch_dtype＝torch. float16)
model＝AutoModelForCausalLM. from＿pretrained(model＿dir, device＿
map＝"auto", trust_remote_code＝True, torch_dtype＝torch. float16)
```

```
model=model.eval()
response,history=model.chat(tokenizer,"你好!",history=[])
print(response)
response,history=model.chat(tokenizer,"请给我提供 3 个学习 Python 编程的建议.",history=history)
print(response)
```

　　需要注意的是,本地部署需要考虑到连续对话对设备运存和显存的占用增加,以及多用户同时使用对设备性能的需求,因此,在实际设计过程中,应充分考虑各方面要素,合理设计规划出合适的智慧助教模型。

思考实践

　　了解当下热门的几款新兴技术,思考如何将其纳入智慧校园,发挥技术在教育中的创新应用作用。请由此设计一个智慧校园应用方法,并绘制一张技术路线图。

参考文献

［1］潘希丽.基于大数据技术的智能仓储管理研究［J］.中国航务周刊,2023
(20):63－65.

［2］ITU. Internet of Things Global Standards Initiative［EB/OL］. ［2020－03－
27］https://www.itu.int/en/ITU-T/gsi/iot/Pages/default.aspx.

［3］梁永增.面向智慧城市应用的物联网平台标准化设计［J］.物联网技术,
2023,13(03):97－100.

［4］姚飞,王晓.王飞跃团队深度剖析:马化腾要建立的"智联网",有什么来
头?［J］.自动化博览,2018,35(06):58－61.

［5］王飞跃,张俊.智联网:概念、问题和平台［J］.自动化学报,2017,43(12):
2061－2070.

［6］王彦雨.基于历史视角分析的强人工智能论争［J］.山东科技大学学报
(社会科学版),2018,20(06):16－27＋35.

［7］张敬林,薛珂,杨智鹏,等.人工智能与物联网在大气科学领域中的应用
［J］.地球物理学进展,2022,37(01):94－109.

［8］罗锦钊,孙玉龙,钱增志,等.人工智能大模型综述及展望［J］.无线电工
程,2023(11):2461－2472.

［9］李智杰.AIoT 技术的发展趋势及面临问题探究［J］.中国安防,2022
(06):31－34.

［10］滕妍,王国豫,王迎春.通用模型的伦理与治理:挑战及对策［J］.中国科

学院院刊,2022,37(09):1290-1299.

[11] 纪守领,杜天宇,邓水光,等.深度学习模型鲁棒性研究综述[J].计算机学报,2022,45(01):190-206.

[12] Hendrycks D, Carlini N, Schulman J, et al. Unsolved problems in ML safety [J]. arXiv preprints, 2021:2109.13916.

[13] Radford A, Kim J W, Hallacy C, et al. Learning transferable visual models from natural language supervision [J]. arXiv preprints, 2021: 2103.00020.

[14] Strubell E, Ganesh A, McCallum A. Energy and policy considerations for deep learning in NLP [C/OL]//Proceedings of the 57th Annual Meeting of the Association for Computational Linguistics. Florence: Association for Computational Linguistics, 2019:3645-3650.

[15] 王瑛,宋倩.智慧城市引领下的社区商业价值提升策略研究[J].上海商业,2023(02):16-18.

[16] GB/T 36342-2018,智慧校园总体框架[S].国家市场监督管理总局中国国家标准化管理委员会,2018-06-07.

[17] 郑凯.聂瑞华.基于诺兰模型的高校信息化发展现状及趋势分析[J].中国教育信息化,2009(21):13-15.

[18] 汪基德.从教育信息化到信息化教育:学习《国家中长期教育改革和发展规划纲要(2010—2020年)》之体会[J].电化教育研究,2011(09):5-10+15.

[19] 胡钦太,郑凯,林南晖.教育信息化的发展转型:从"数字校园"到"智慧校园"[J].中国电化教育,2014(01):35-39.

[20] 沈洁,黄宇星.智慧校园及其构建初探[J].福建教育学院学报,2011,12(06):122-125.

[21] 王娟.浅谈某康复大学智慧校园建设方案[J].智能建筑电气技术,2022,16(01):105-107.

[22] 刘珍.数字化背景下高校智慧校园系统架构研究[J].现代商贸工业,2023,44(08):238-240.

[23] 王燕.智慧校园建设总体架构模型及典型应用分析[J].中国电化教育,

2014(09):88－92＋99.

[24] 崔璐,王龙飞.基于 Serverless 架构的智慧校园平台建设[J].电视技术,2023,47(02):223－225.

[25] 黄荣怀,张进宝,胡永斌,等.智慧校园:数字校园发展的必然趋势[J].开放教育研究,2012,18(04):12－17.

[26] 祝智庭.以智慧教育引领教育信息化创新发展[J].中国教育信息化,2014(09):4－8.

[27] 王运武,庄榕霞,陈祎雯,等.5G 时代的新一代智慧校园建设[J].中国医学教育技术,2021,35(02):143－149.

[28] 杨萍,姚宇翔,史贝贝,等.智慧校园建设研究综述[J].现代教育技术,2019,29(01):18－24.

[29] 赵小明,陈平水,潘仙张.高校数智校园建设探索与实践[J].台州学院学报.2023,45(01):46－51.

[30] 王芝英,江丰光.未来校园建设的新理念、趋势和挑战[J].中小学信息技术教育,2021(10):5－8.

[31] 戴岭,祝智庭.教育数字化转型的逻辑起点、目标指向和行动路径[J].中国教育学刊,2023(07):14－20.

[32] 李易俞,陈金华.国内外智慧校园研究热点、发展趋势与异同比较[J].现代教育技术,2020,30(03):88－94.

[33] 曹彩凤.智慧校园建设总体架构模型及典型应用分析[J].电脑知识与技术,2020,16(16):216－217＋228.

[34] 祝智庭,戴岭,胡姣.AIGC 技术赋能高等教育数字化转型的新思路[J].中国高教研究,2023(06):12－19＋34.

[35] 戴岭,胡姣,祝智庭.ChatGPT 赋能教育数字化转型的新方略[J].开放教育研究,2023,29(04):41－48.

[36] 祝智庭,魏非,胡姣,等.开放教育数字化转型与融创发展:新议题、新思维、新行动[J].中国远程教育,2023,43(06):19－28.

[37] 祝智庭,陈维维.技能本位教育:探寻新时代高质量教育发展的新路径[J].中国教育学刊,2023(06):34－41.

[38] 安德烈亚斯·施莱散尔,马诺斯·安东尼斯,祝智庭,等.教育数字化转

型:何以"智慧",去向何方?[J].上海教育,2023(08):28-31.

[39] 胡阳.增值性评价在高校教育实践中的应用[J].学园,2023,16(19):69-71.

[40] 胡姣,祝智庭.公平优质导向的课堂数字化转型:逻辑、理念与路径[J].中国电化教育,2023(08):18-24.

[41] 祝智庭,胡姣.智慧教育引领教育数字化转型的实践路径[J].中国基础教育,2023(01):29-32.

[42] 林莉.中小学"数字校园"构建初探[J].电化教育研究,2003(04):77-80.

[43] 世界慕课与在线教育联盟秘书处.高等教育数字化变革与挑战:《无限的可能:世界高等教育数字化发展报告》节选五[J].中国教育信息化,2023,29(01):44-60.

[44] 祝智庭,郑浩,许秋璇,等.教育数字化转型的政策导向与生态化发展方略[J].现代教育技术,2022,32(09):5-18.

[45] 世界数字教育大会在京开幕[J].中国教育网络,2023(Z1):1.

[46] 袁振国.教育数字化转型:转什么,怎么转[J].华东师范大学学报(教育科学版),2023,41(03):1-11.

[47] 徐向梅.构建开放共享的全球数字教育生态[N].经济日报,2023-03-07(013).

[48] 吴砥,李环,尉小荣.教育数字化转型:国际背景、发展需求与推进路径[J].中国远程教育,2022(07):21-27+58+79.

[49] 祝智庭,刘党生.与祝智庭教授重释"数字化校园"[J].信息技术教育,2006(04):17-20+1.

[50] 许翠英.教育信息化的发展转型:从"数字校园"到"智慧校园"[J].中国培训,2020(12):84-85.

[51] 沈琦.基于OBE理念的5+2班级高职英语口语教学实践研究[J].校园英语,2023(27):115-117.

[52] 韩广玉.智慧环境下小学体育教育的技术廓清和路径突破[C]//中国陶行知研究会.2023年第五届生活教育学术论坛论文集,2023:4.

[53] 张小寒.基于人工智能的辅助教学系统应用研究[J].长江信息通信,2022,35(11):235-237.

[54] 时静.物联网技术在智慧社区建设及运营中的应用[J].中国管理信息化,2023,26(12):197-199.

[55] 杨翠.数字音频技术在广播电视工程中的应用[J].采写编,2021(02):6-7.

[56] 李美娜.卫星定位和自主完好性监测算法设计与实现[D].北京:北京理工大学,2021.

[57] Mher S. China and Eurasian Powers in a Multipolar World Order 2.0[M]. London: Routledge, 2023.

[58] 王健.多系统 GNSS 紧组合精密相对定位技术研究[D].武汉:武汉大学,2022.

[59] 徐炜.GNSS 中长基线解算技术与程序实现[D].淮南:安徽理工大学,2019.

[60] 马骏涛.基于移动互联网技术的移动图书馆系统研建[D].北京:中国人民解放军军事医学科学院,2014.

[61] 赵斌.浅谈第三代移动通信网络部署的发展及建议:以 WCDMA 移动通信网络为例[J].电脑与电信,2010(11):36-37.

[62] 牛现云,谢强,刘术华.4G 时代图书馆服务发展思考[J].电子科学技术,2015,02(01):125-128.

[63] 王棒.智能时代我国退役军人职业教育融合模式构建[J].成人教育,2023,43(04):64-68.

[64] 龚帆.L4 自动驾驶家用 MPV 内饰设计情感化设计研究[D].大庆:东北石油大学,2023.

[65] 谢国正.煤矿智能分布式无线通信技术的应用与研究[J].陕西煤炭,2023,42(05):190-194.

[66] 熊超美.步进电机的单片机控制硬件系统设计[J].湖南有色金属,2011,27(02):61-64.

[67] 汤钟,邵浩,张斌.海底光缆检测技术综述[J].数字海洋与水下攻防,2020,3(06):499-503.

[68] 黄一鸣,高瑾,陈贵,等.输电线路发热点实时监控预警系统研究[J].华东电力,2013,41(09):1971-1974.

[69] 陈劲,侯芳.具有圈层结构的链群合约数字平台建构[J].企业经济,

2022,41(11):5-14+2.

[70] 欧祖国,郭俊帅.监控设备中使用面向对象的软件架构[J].电工技术,2023(05):142-145.

[71] 赵威,耿恒山.基于 Modbus/RTU 转换器的监控器网络查控系统[J].微计算机信息,2008(27):100-102.

[72] 徐鸠岚.一种基于 NB-IoT 的室外移动通信基站接地线的防盗方法[J].江苏通信,2022,38(05):60-62.

[73] 中俊为.OpenHarmony 文档中心-LiteOS-A 内核架构[EB/OL].[2023-04-21].http://open.weharmonyos.com/zh-cn/device-dev/kernel/kernel-overview.html#内核架构-2.

[74] 中俊为.OpenHarmony 文档中心-LiteOS-M 内核架构[EB/OL].[2023-04-21].http://open.weharmonyos.com/zh-cn/device-dev/kernel/kernel-overview.html#内核架构.

[75] HarmonyOS Developer.HarmonyOS 概述-入门-HarmonyOS 应用开发-系统定义[EB/OL].[2023-06-12].https://developer.harmonyos.com/cn/docs/documentation/doc-guides/harmonyos-overview-000000000001190 3#section12071731152111.

[76] 周海荣.从应用场景来探讨物联网时代应急广播体系技术架构搭建[J].中国传媒科技,2021(06):143-148.

[77] 周雪芳,王晓辉.大数据技术在智慧校园的应用[J].电子技术与软件工程,2018(12):167.

[78] 王媛满.10 步带你认识大数据和云计算[J].计算机与网络,2019,45(02):38-40.

[79] 邓睿.大数据技术在智慧校园建设中的应用[J].无线互联科技,2022,19(18):119-121.

[80] 贾润亮.基于数据中台的高校智慧校园建设对教学改革的影响分析[J].山西财政税务专科学校学报,2021(5):70-73.

[81] 李桢.计算机网络技术中人工智能的应用[J].电子技术与软件工程,2018(10):8.

[82] 曹红芳,王青,步宏飞.低功耗广域物联网在高校智慧校园中的应用研

究[J].物联网技术,2021,11(03):64-67.

[83] 李芬.人工智能,助力未来教育[J].中国信息技术教育,2021(S2):83-84.

[84] 华东师大校园一卡通系统方案介绍[J].金卡工程,2007(09):37.

[85] 秦长江,侯汉清.知识图谱:信息管理与知识管理的新领域[J].大学图书馆学报,2009,27(01):30-37+96.

[86] 张慧楠,松云.面向智慧教育的课程知识图谱构建[J].计算机教育,2023(09):120-125.

[87] 许月,张夏晨,高捷.高校智慧校园与区块链技术的建设研究[J].传播力研究,2020,4(16):182-183.

[88] 田甜.区块链技术在智慧校园中的应用[J].集成电路应用,2022,39(04):218-219.

[89] 李海平.基于区块链技术的身份认证在公证行业中的应用探索[J].法制博览,2023(21):97-99.

[90] 郭明兰.提升高校教师数据素养刻不容缓[J].电脑知识与技术,2020,16(29):126-127.

[91] 联合国教科文组织:基于循证实践的校园欺凌防治路径[J].中小学德育,2020(08):79.

[92] 韩蕊,石艳.联合国教科文组织基于循证实践的校园欺凌防治路径研究:以《数字背后:结束校园暴力和校园欺凌》为例[J].比较教育研究,2020,42(05):78-84.

[93] 程醉,李冰,张晓玲.数字微认证推动学习成果认证制度创新[J].中国教育信息化,2022,28(09):41-51.

[94] 贺晓光.区块链技术助力智慧校园创新建设[N].中国社会科学报,2022-06-22(011).

[95] 朱军,曹朋帅.隐私计算为掘金大数据保驾护航[J].中国电信业,2022(06):14-18.

[96] 赵茜,何欢欢,陈刚等.大数据时代下隐私计算的应用融合[J].信息技术与信息化,2023(07):161-164.

[97] 曹宁.可信计算技术在网络信息安全中的应用[J].信息技术,2021(08):150-155.

[98] 廖婧,韦攀.物联网技术在智慧校园的应用研究[J].广西广播电视大学学报,2020,31(03):32-36.

[99] 闫春梅,田军.对高校教务管理系统的几点思考[J].内蒙古农业大学学报(社会科学版),2009,11(04):126-127+136.

[100] 张磊.中小学"智慧校园"建设视域下智慧教学模式的构建[J].教书育人,2023(14):28-30.

[101] Vaswani A, Shazeer N, Parmar N, et al. Attention is all you need [J]. arXiv preprints, 2021:1706.03762.

[102] Alammar J. The illustrated transformer [EB/OL]. [2019-10-15]. https://jalammar.github.io/illustrated-transformer/.

[103] 程海波,欧阳宏基.基于 Linux 平台语音识别技术的实现[J].物联网技术,2022,12(10):89-91.

[104] 陈方,高升.语音识别技术及发展[J].电信科学,1996(10):54-57.

[105] Allen J, Sharon H M, Klatt D. From text to speech: The MITalk system [M]. Cambridge University Press, 1987.

[106] 陈林浩.智能设备语音助手的情境感知攻击研究[D].广州:广州大学,2021.

物
联
网
与
智
慧
校
园

后 记

进入 21 世纪,人类文明不断发展形成新的形态。中国也迎来了中华民族伟大复兴的新时代。中国教育现代化进程不断推进,教育强国的宏大蓝图正在变成现实。

2015 年初,我开始着手物联网与智慧校园交叉学科方向的教学与科研工作,经过九年不断地学习、探索和积累,完成本书。

在这九年中,经历了亲人离世等各种人生艰难时刻,但在各位亲朋好友的帮助和支持下我走出阴霾,继续前行。

也许工作和生活中,总是充满坎坷,但我坚信,有苦就有甜,有泪就有笑。只要有亲朋好友的陪伴,血总是热的,心都是暖的,未来可期。

教育是民族振兴的重要基石。建设教育强国是新时代中华民族伟大复兴的基础工程。推进教育数字化,实现教育数字化转型,建设全民终身学习的学习型社会是我们教育工作者的努力目标。

我坚信通过我们的勤奋努力,必能以中国教育现代化促进人类发展进步,为开创人类更加美好的未来贡献中国智慧、中国力量。

薛耀锋

2023 年 10 月于丽娃河畔